ÉTUDES LINGUISTIQUES

23

CHEZ LE MÊME ÉDITEUR

CECCALDI (M.) .– *Anthologie de la littérature corse (de 1817 à nos jours).* 1973, 829 p., relié.

CECCALDI (M.) .– *Petite anthologie de la littérature corse.* 1975, 184 p.

CECCALDI (M.) .– *Dictionnaire corse-français (pieve d'Evisa).* 2e édition revue et augmentée, avec un *index alphabétique,* 1974, XVI-547 p. (Les acquéreurs de la 1re édition du *Dictionnaire* peuvent se procurer l'*Index alphabétique* seul, 1974, 100 p.)

OUVRAGES SUR LA CORSE

GROSJEAN (R.) .– *La Corse avant l'Histoire, monuments et art de la civilisation mégalithique insulaire du début du IIIe à la fin du IIe millénaire avant notre ère.* 1966, réimpression 1975, 96 p., 73 ill.

MORACCHINI-MAZEL (G.) .– *Les monuments paléochrétiens de la Corse.* 1967, in 4°, 137 p., 148 fig., relié.

VERSINI (X.) .– *Les grandes heures du tourisme en Corse.* 1969, 142 p., 17 ill.

Marie-José DALBERA-STEFANAGGI

LANGUE CORSE
UNE APPROCHE LINGUISTIQUE

Ouvrage publié avec le concours
du Conseil Régional de la Corse
et du Conseil général de la Corse du Sud

ÉDITIONS KLINCKSIECK
11, rue de Lille
PARIS

ISBN 2-252-02038-5

AVANT-PROPOS

Je voudrais ici, pour fixer les limites de ce petit ouvrage, exposer brièvement au lecteur dans quelles conditions et dans quelles perspectives il a été conçu.

J'entrepris, en 1971, un travail de recherche linguistique : il s'agissait de donner une description du parler de mon village, Veru. Il est clair que, au-delà des raisons purement intellectuelles qui faisaient de ce type de recherche l'aboutissement logique d'une certaine formation universitaire, l'enracinement de ce travail dans la réalité corse fut alors pour moi déterminant. Cette recherche, qui s'étala sur quatre ans environ, déboucha sur une monographie que je soutins comme thèse de troisième cycle, devant la Faculté des Lettres et Sciences Humaines de Nice, en 1975.

De cette première étape de mon travail, bien des traces subsistent dans cet ouvrage, qui en porte manifestement la marque. Ainsi, parmi les analyses phonologiques que je propose, la première, et par conséquent la plus détaillée, est celle de Veru. De plus, chaque fois que j'évoque des faits linguistiques qui ne sont pas spécifiquement localisés mais ont une certaine généralité, j'ai pris le parti de donner une transcription phonétique qui corresponde à la prononciation de Veru. Je veux espérer que le lecteur ne m'en tiendra pas rigueur.

Ma thèse de troisième cycle soutenue, je mis en chantier un autre travail de recherche, prolongeant le premier ou, plutôt, l'incluant et en élargissant les perspectives; je conçus en effet le projet — à long terme — de procéder à une comparaison des parlers corses, tels qu'ils se présentent aujourd'hui, et d'établir leur histoire, c'est-à-dire de retracer leur évolution depuis l'origine latine, d'évaluer la part de changement propre à chacun d'eux et celle qui résulte de contacts ou d'influences extérieures; cela devant d'ailleurs aboutir, du même coup, à situer le corse à l'intérieur de la famille des langues romanes et à définir ses liens avec les langues voisines. Ce projet constitue le sujet de mon Doctorat d'État, "Étude comparative et diachronique des parlers corses", que je déposai en 1975 auprès de la Faculté des Lettres et Sciences Humaines d'Aix-en-Provence et auquel je travaille depuis.

Le recueil des données, pour un travail effectué dans cette perspective, s'organise sur deux plans : étude des documents existant dans ce domaine d'une part, d'autre part, et surtout, recours à l'enquête linguistique.

Les témoignages écrits en langue corse qui, d'ailleurs, ne remontent pas loin dans le temps, ne sont pas, de manière immédiate du moins, utilisables par une étude du type de celle que j'envisage; leur utilisation suppose, précisément, une reconstruction linguistique préalable, sur la base de laquelle leur exégèse peut devenir éclairante. Ils ne peuvent en tout cas constituer un "corpus" de départ. •

Il existe par ailleurs un certain nombre d'écrits de grammaire traditionnelle ou comparée, certains déjà anciens, d'autres plus récents, sur la langue corse dans lesquels celle-ci est tantôt prise isolément tantôt située dans la famille des langues romanes (cf. bibliographie). Ceux-ci constituent une source très riche de renseignements.

Une autre source, très importante, est constituée par les Atlas linguistiques (cf. bibliographie). Ceux-ci présentent le double avantage de prendre en compte la diversité régionale et de fournir des formes transcrites phonétiquement. Ils doivent néanmoins être utilisés avec prudence (1).

La langue corse, enfin, a fait l'objet, ces dernières années, de travaux linguistiques, au sens moderne du terme; ceux-ci ont abouti à des monographies (cf. bibliographie) et à des études contrastives visant à rendre compte de la différenciation micro-régionale d'un point de vue linguistique (2).

Mais, en définitive, les documents de ce type sont encore en nombre limité, et il est nécessaire, pour mener à bien une étude de synthèse sur la comparaison et l'histoire des parlers corses, d'effectuer encore un grand nombre d'enquêtes "sur le terrain". C'est pourquoi, après avoir travaillé pendant plusieurs années à Veru, j'ai établi, çà et là en Corse, des points d'enquête dans les villages suivants : Cervioni, San Niculau, Loretu di Casinca, Merusaglia au Nord-Est, Lozzi di Niolu, Pioggiola, Mausuleu, au Nord-Ouest, Soccia et Guagnu dans le Centre-Ouest, Aullène dans l'Extrême-Sud, Suarella et Casaglione près d'Ajaccio. Ces enquêtes sont d'importance inégale et les témoignages ainsi recueillis ne représentent que des sondages et ne permettent d'établir que des résultats de première approximation. Il m'a semblé toutefois qu'à partir de ceux-ci commençaient à s'esquisser les bases d'une géographie linguistique de la Corse, en attendant un travail plus complet. Il faut, bien entendu, garder à l'esprit, à la lecture de ce petit ouvrage, cette limitation et ce caractère fragmentaire.

Le travail d'enquête est destiné à recueillir, auprès de témoins, un échantillon représentatif de la manière de parler d'une communauté linguistique. Pour obtenir ces données, j'ai combiné, de manière assez souple, plusieurs procédés : questionnaires de mots et de phrases, que l'on adapte facilement à chaque région et à chaque situation, conversations dirigées avec un témoin,

---

(1) Cf. Notamment M. GIACOMO-MARCELLESI, "Réflexions sur l'enquête d'Edmont à Sotta" et "Problèmes de description linguistique en Corse".

(2) Ce travail s'intègre dans le programme de la RCP 351 : "Différenciation micro-régionale et structures des communautés villageoises corses" (C.N.R.S.).

conversations libres entre plusieurs témoins, récits etc... J'ai, selon les cas, enregistré les données sur bande magnétique – méthode indirecte – ou consigné par écrit un certain nombre de renseignements pris sur le vif – méthode directe –.

Tandis que je poursuivais ce travail d'enquête, j'eus l'occasion, essentiellement au cours des stages de formation continuée organisés dans le cadre de l'École Normale d'Instituteurs de la Corse, de rencontrer quelques-uns de ceux qui ont la charge d'assurer l'enseignement de la langue corse. Je tiens à dire combien cette rencontre fut, pour moi, enrichissante et quel rôle déterminant elle a joué dans la genèse de cet ouvrage. A la suite de cela, je fus amenée à penser que, même si le travail de recherche projeté n'était pas achevé, même si l'heure des synthèses n'était pas encore venue, il n'était peut-être pas impossible, voire inutile, de dire, dès à présent, un certain nombre de choses et de faire le point.

L'"histoire" de cet ouvrage définit ses limites. Il se présente comme une ébauche, non seulement dans la mesure où il repose sur un travail d'enquête limité, mais aussi en raison du caractère d'esquisse de certains chapitres : je pense, en particulier, au chapitre consacré à la diachronie. La description que j'y présente des correspondances terme à terme entre latin et corse est encore bien loin de la phonologie historique que l'on peut concevoir. Il m'a cependant semblé préférable, pour l'heure, de m'en tenir là, plutôt que d'avancer des hypothèses hasardeuses ou fragiles.

De cette "histoire" découle sans doute aussi une certaine ambiguïté en ce qui concerne le ton et l'orientation de l'ouvrage. Celui-ci se situe à la rencontre de deux préoccupations. D'une part, j'ai tenté de rester accessible à un public relativement large, qui n'est pas nécessairement spécialiste de linguistique. J'ai donc, dans la mesure du possible limité, parfois éliminé, les problèmes d'ordre théorique et réduit au minimum la terminologie propre. Par ailleurs, j'ai pris le parti de n'exposer que quelques principes fondamentaux ex abrupto – c'est l'objet du chapitre I – et de définir au cours du texte, au fur et à mesure des besoins, les concepts que j'utilise. Mais il me semblait, d'autre part, tout aussi nécessaire de tenter de satisfaire aux exigences du discours scientifique de manière à rendre cette étude utilisable par d'autres chercheurs. Cela me commandait l'utilisation d'un certain appareil théorique et méthodologique, d'un minimum de terminologie etc...

On voit que l'équilibre était difficile à tenir, et sans doute n'y suis-je qu'exceptionnellement parvenue. J'ose espérer que le lecteur, comprenant les problèmes que j'ai pu rencontrer, voudra bien se montrer indulgent sur ce point comme sur les autres.

Avant de clore cet avant-propos, c'est pour moi un devoir bien agréable que de remercier ici tous ceux qui m'ont aidée dans mes enquêtes et m'ont fait bénéficier de leur profonde connaissance de la langue corse, faisant preuve de tant de patience et de gentillesse : Marcel Acquaviva (de Lozzi), Marcel

Acquaviva (de Muru), (†) Sébastien Armani, Françoise Bastianaggi, Catherine Benedetti, Jean-François Bernardini, Viviane Campocasso, Victor Consalvi, Angèle Desanti, Matthieu Ferrari, Ange Figarelli, Joseph Figarelli, Joseph Leoni, François Mariani, Toussaint Massiani, Jean-Baptiste Merli, Lucien Morati, Jean-Philippe Moretti, François Orsoni, Pascal Ottavi, Rose-Marie Ottavi, Dominique Pasqualini, Jean Rocchi, Patrick Salvatorini, Lucie Santucci, (†) Angèle Stefanaggi, (†) Joseph Stefanaggi, François Stefanaggi, Xavier Stefanaggi, Marcel Torracinta.

Mes remerciements vont également à Jean-Baptiste Marcellesi, maître assistant à l'Université de Rouen, pour les conseils et les critiques qu'il a bien voulu formuler sur ce travail.

Je tiens également à manifester toute ma gratitude à Jean-Claude Bouvier, professeur à l'Université de Provence, qui dirige ma thèse d'État. Ses conseils et les encouragements qu'il m'a dispensés avec tant de sollicitude m'ont été d'un précieux secours, et la publication de cet ouvrage lui doit énormément.

Envers Zvonimir Junković enfin, maître de conférences à l'Université de Nice, ma dette est trop grande pour que je puisse l'exprimer ici. Je lui suis redevable de tout ce qu'il peut y avoir de bon dans cet ouvrage; le lecteur aura la délicatesse de ne pas lui imputer le reste.

BASTIA
Calvi
Pioggiula
Calenzana
Mausuleu
Golu
Loretu di Casinca
Merusaglia
Tagliu-Isulacciu
Fangu
San Niculau
Lozzi
CORTI
Cervioni
Evisa
Soccia
Tavignanu
Guagnu
Fium' Orbu
Casaglione
Veru
Gravona
Bastelica
Prunelli
AIACCIU
Suarella
Taravu
Auddè
Rizzanese
SARTÈ
Porti-Vechju
Sotta
Bonifaziu

CHAPITRE I

PRINCIPES GÉNÉRAUX

On ne peut décrire une langue sans une théorie. Celle-ci peut être implicite, et c'est le cas dans la plupart des études traditionnelles, ou explicite, et c'est le cas dans la linguistique moderne. C'est à la lumière des théories linguistiques modernes que nous tentons ici une approche de la langue corse. Mais nous nous garderons, dans la mesure du possible, de mettre en avant l'aspect théorique puisque la théorie n'est ici qu'un outil. Nous nous bornerons, par conséquent, à introduire les concepts que nous jugeons indispensables à une bonne intelligence des problèmes.

Nous éviterons, par ailleurs, de nous enfermer dans une école linguistique particulière. Bien que ne sous-estimant pas les divergences qui peuvent exister entre les écoles, nous restons persuadés que ces dernières sont souvent plus complémentaires que contradictoires et qu'elles se distinguent surtout les unes des autres par ce qu'elles mettent l'accent sur des aspects différents de la langue. Il nous arrivera donc dans le cours de cet ouvrage d'utiliser plusieurs modèles différents, non que nous soyons tentés par l'éclectisme mais par souci d'efficacité. Notre objet est ici la langue corse et nous entendons nous donner les instruments qui nous semblent les meilleurs et les mieux adaptés pour décrire cet objet. Ainsi notre analyse phonologique est essentiellement d'inspiration pragoise, mais nous n'hésitons pas à faire intervenir dans ce cadre certains principes relevant de la glossématique lorsque cela nous semble éclairant, en particulier pour ce qui concerne l'analyse des chaînes consonantiques. Par ailleurs, en matière de morphologie, sans que nous cherchions à donner une description générativiste systématique des faits, nous utilisons des notions telles que celle de forme de base morphologique qui appartiennent à l'appareil conceptuel de la Grammaire Générative Transformationnelle dans la mesure où elles permettent de mieux saisir la réalité.

D'une manière générale, les notions théoriques seront introduites au fur et à mesure des besoins. Seuls quelques principes généraux, devant servir de fondement à l'ensemble de l'ouvrage et permettant d'assigner une place à chaque étude particulière dans le cadre général, seront énoncés ici.

On peut concevoir la langue comme un système de systèmes; chacun de ces systèmes est à la fois lié à tous les autres et relativement autonome. Cette vision conduit le linguiste à postuler plusieurs niveaux d'analyse relativement indépendants les uns des autres.

Essayons de donner une idée — très approximative — de certains des niveaux que l'on postule dans une langue, en examinant un message particulier. Prenons par exemple la phrase :

ghjugnia l'arrutinu
djuɲ'ijalar̄ut'inu
"le rémouleur arrivait"

Nous avons donné en transcription phonétique, en italiques, l'expression du message, c'est-à-dire pratiquement la suite de sons qui le constitue; la prononciation est, par convention (cf. Avant-propos) celle des gens de Veru. Le contenu (c'est-à-dire le sens, la pensée à transmettre) est noté entre guillemets sous forme de la traduction française. En caractères gras figure le texte corse dans sa graphie traditionnelle. La correspondance, tout à fait arbitraire et propre à chaque langue, qui s'établit entre le plan de l'expression et celui du contenu constitue un code.

Ce message peut être analysé de deux manières différentes, à partir de deux points de vue différents. Il peut d'une part être découpé en unités significatives, c'est-à-dire en unités possédant à la fois un signifiant et un signifié; l'analyse aboutit alors aux unités significatives minimales, les monèmes. Ainsi :

ghjugn - ia - l - arrut - in - u

A chaque segment sur le plan de l'expression est associé un contenu : *djuɲ* signifie "arriver", *'ija* signifie "imparfait", *l* signifie "défini", *ar̄ut* signifie "aiguiser", *'in* signifie "auteur de l'action de" et *u* signifie "masculin". Cette organisation de la phrase en unités significatives constitue la première articulation de la langue.

Mais il se trouve que, d'autre part, l'expression de ce message, c'est-à-dire, la suite de sons qui le composent, est elle-même articulée, et ce de manière tout à fait autonome.

 # dju - ɲ'i - ja # la - r̄u - t'i - nu #

Ce découpage est indépendant du signifié. La séquence phonique est d'abord divisée en unités accentuelles que nous avons séparées par des pauses (#) et qui se caractérisent par la présence d'un accent et d'un seul; ces unités accentuelles sont elles-mêmes composées de syllabes que nous avons séparées par des tirets (-); les syllabes enfin se composent de phonèmes. Cette organisation de la phrase en unités non-significatives constitue la seconde articulation de la langue.

Il existe manifestement une asymétrie entre les deux découpages : les frontières entre unités de première articulation et les frontières entre unités de seconde articulation, sauf hasard, ne coïncident pas. Ainsi, un segment de première articulation comme **ghjugn-** ne constitue ni une unité accentuelle ni une syllabe ni un phonème. Inversement, des syllabes comme *-la-* ou *-ti-* sont "à cheval" sur deux unités significatives minimales, et une unité accentuelle comme # *lar̄ut'inu* # ne coïncide nullement avec une unité significative minimale puisqu'elle contient quatre segments de première articulation [1].

Cette asymétrie est l'une des caractéristiques des langues humaines. Chacun des niveaux dégagés se présente comme un mécanisme très complexe, une structure pourvue de lois de fonctionnement très strictes, parfois très compliquées. Le travail d'analyse du linguiste consiste à mettre en évidence ces lois de fonctionnement, ces règles. Ainsi, la *phonologie* s'intéresse à la manière dont s'organise, de façon complètement autonome par rapport au signifié, le plan de l'expression; elle étudie la façon dont les phonèmes se combinent entre eux (selon quelles règles) pour former des syllabes, la façon dont les syllabes se combinent pour former des unités accentuelles, les unités accentuelles des unités intonationnelles. Par ailleurs, la *morphologie* étudie les problèmes relatifs à l'expression dans le cadre des unités significatives, la *syntaxe* étudie l'agencement des unités significatives dans le cadre de la phrase et du discours : elle dégage les lois selon lesquelles les unités significatives se combinent entre elles pour former des syntagmes puis des phrases.

Il importe sans doute de préciser ce que nous entendons par le terme de *règles*. Il ne s'agit évidemment pas de règles qui seraient édictées de l'extérieur mais de régularités (règle : *regula*) qui se dégagent de l'observation du fonctionnement d'une structure. Il s'agit non pas de prescrire mais d'établir, de découvrir, d'imaginer les règles qui sous-tendent l'apparition de tel ou tel phénomène, qui rendent possible le fonctionnement de tel ou tel objet. L'analyse de quelques aspects du système linguistique corse nous permettra de mieux saisir l'importance de cette notion de loi de fonctionnement, de règle, et montrera que dans une langue, et dans les divers systèmes qui la constituent, tout se tient et rien n'est laissé au hasard : le fonctionnement d'un système linguistique est rendu possible par l'application de règles strictes, parfois compliquées. Il appartient au linguiste de découvrir ces règles de manière à démonter le mécanisme de fonctionnement de la langue.

Il est par ailleurs bien évident que tout "sujet parlant", disons tout "locuteur moyen" n'est absolument pas conscient du fonctionnement, ni d'ailleurs même de l'existence de ce système de règles très complexe que tout acte de parole met en jeu. Cette faculté inconsciente, qui suppose la mémorisation des éléments de langage et l'assimilation des mécanismes de combinaison de ces éléments et ce à tous les niveaux (unités significatives, unités non-signi-

---

(1) Il faudrait sans doute diviser encore **arrut-** en préfixe + racine (cf. **rota** "roue", "meule"), mais cette analyse — qui pose quelques problèmes — nous entraînerait trop loin de notre propos.

ficatives) constitue ce que la linguistique moderne désigne sous le terme de *compétence linguistique.* L'un des buts que s'assigne la linguistique moderne est la description de la compétence linguistique.

On voit donc que nous sommes loin de la perspective de la grammaire traditionnelle. Celle-ci, en effet, était essentiellement normative, ou plutôt prescriptive. Elle avait pour fonction d'établir ce qu'il faut dire et ce qu'il ne faut pas dire, de distinguer le bon usage du mauvais, de louer, de juger, de condamner, voire d'interdire. Ceci appelle plusieurs remarques. En premier lieu, il faut bien noter qu'il s'agit essentiellement d'une différence de perspective entre la grammaire traditionnelle et la linguistique moderne. Les "règles" de la grammaire traditionnelle prenaient l'allure de contraintes, de prescriptions : le grammairien "légiférait", édictait une norme. La linguistique moderne se situe dans une autre perspective : elle n'impose rien a priori. Elle part, explicitement, de l'ensemble des messages proférés, dans une communauté linguistique donnée. Son but est explicatif : elle se propose de mettre en lumière les mécanismes qui sous-tendent ces messages.

Quant à la notion de "norme", la linguistique moderne la reprend à son compte, mais la définit différemment : alors que, pour le grammairien traditionnel, la norme c'est, de manière plus ou moins implicite, ce qui *doit* se dire (attitude prescriptive), c'est plutôt, pour le linguiste, ce qui est reconnu comme correct par une communauté linguistique donnée (attitude descriptive).

La seconde remarque concerne la nature des jugements portés sur la langue par la grammaire traditionnelle. Il est évident que les critères qui permettent de distinguer le "bon usage" du mauvais sont tout sauf linguistiques : le "bon usage", c'est celui d'une région politiquement dominante, celui de la "bonne société", celui des "bons auteurs", etc... Il s'agit toujours d'un jugement de valeur porté sur la langue, jugement qui privilégie une communauté linguistique (sur des bases extra-linguistiques) et juge les autres par référence à cette dernière : c'est d'ailleurs la communauté linguistique privilégiée qui fournit ce que la grammaire traditionnelle appelle la "norme".

Ce type de jugement est absolument banni de la perspective linguistique : d'un point de vue scientifique, on dira que tout système linguistique en vaut un autre à partir du moment où il est capable de fonctionner, c'est-à-dire de remplir sa fonction de communication. Pour le linguiste, il n'est pas de langue riche ou pauvre, supérieure ou inférieure, pure ou impure, authentique ou abâtardie. En effet, on peut dire que toute langue est — potentiellement, du moins — capable d'exprimer tout ce qu'un peuple a à dire : son état de développement dépend, précisément de celui du peuple auquel elle appartient, et des besoins d'expression qu'il ressent.

D'autre part, la notion de "pureté" ou d'"authenticité", en matière linguistique, est un leurre : en dernière analyse, tout système linguistique n'est jamais que le résultat de la "dégradation" d'un système linguistique précédent : le français jugé le plus "pur", ou le corse le plus "authentique" ne sont rien d'autre que le résultat de "l'abatardissement" du latin, qui lui-même provenait de la "décadence" de quelque système indo-européen, et ainsi de suite.

Enfin, à l'égard de ce que l'on appelle sommairement les "fautes" en matière de langue, il est évident que l'attitude de la grammaire traditionnelle et celle de la linguistique moderne divergent profondément : cela découle évidemment de tout ce qui a été dit. La grammaire traditionnelle juge, condamne (et parfois finit d'ailleurs par admettre). La linguistique observe et étudie : elle peut, lorsque certaines "fautes" s'avèrent systématiques et "régulières", y trouver des éléments d'explication concernant le fonctionnement de la langue. Elle peut également y trouver des signes de changement linguistique : n'oublions pas que toute innovation, toute évolution en matière linguistique a été, à l'origine, considérée comme une "faute". Un même phénomène linguistique peut donc, suivant les époques, être considéré soit comme déviant par rapport à la norme, soit comme relevant de la norme : une langue, tout en gardant, — dans une certaine mesure — son identité, évolue, et la norme — et par conséquent les écarts par rapport à cette norme — se modifie. Elle est à redéfinir à chaque point du temps.

Ceci nous amène à noter un autre aspect de la perspective linguistique. La linguistique moderne peut s'attacher à décrire le système linguistique d'une communauté donnée, en un point précis du temps, indépendamment de tous les états de langue qui ont précédé : une telle linguistique est dite *synchronique.*

La linguistique peut d'autre part retracer l'évolution d'un système linguistique, expliquer son état actuel par les états précédents, établir des liens entre les différentes langues issues d'une langue commune : elle est dite alors *diachronique.*

Notons que les deux démarches, loin d'être antinomiques, sont complémentaires.

Nous voudrions enfin insister sur un dernier point, qui nous semble caractéristique de l'attitude du linguiste : il s'agit de la primauté accordée à la langue parlée sur la langue écrite. Pour le linguiste, en effet, la langue est, par nature, orale. Que, par la suite, elle soit transcrite par le code de l'écriture (ou d'ailleurs par tout autre code que l'on pourrait imaginer), cela est tout à fait secondaire et contingent : en droit, l'oral précède donc l'écrit. Il en va de même dans les faits : il existe énormément de langues qui ne possèdent pas de système d'écriture. En revanche, on ne connaît pas de langue qui existerait uniquement sous la forme écrite (toute langue aujourd'hui "morte" a été parlée à une époque donnée). Sur la multitude de langues qui ont existé, existent ou existeront, fort peu ont été, sont ou seront écrites : l'existence d'un code écrit n'a donc absolument rien de "nécessaire", et apparaît comme tout à fait secondaire (2).

---

(2) Il faut remarquer, toutefois, qu'à partir du moment où il existe, un code graphique s'organise en système et acquiert, progressivement, une certaine autonomie par rapport à la langue parlée.

Le linguiste d'ailleurs ne se fie jamais immédiatement à la forme écrite de la langue. En effet, ce que l'on appelle l'orthographe d'une langue fait intervenir beaucoup trop de facteurs extérieurs, extra-linguistiques, pour que l'on puisse la considérer comme un reflet de la langue parlée, Ce n'est du moins, dans le meilleur des cas, qu'un reflet bien imparfait : produit d'une culture, avec tous les avatars que cela suppose, témoin d'un état de langue forcément dépassé, puisque la langue orale évolue, alors que l'écriture se caractérise justement par sa permanence, l'orthographe ne saurait en aucun cas servir de base à un travail linguistique. "C'est comme si l'on croyait que, pour connaître quelqu'un, il vaut mieux regarder sa photographie que son visage" (3). L'étude linguistique partira donc de la forme orale de la langue. Par ailleurs, l'orthographe en tant que telle, et dans ses rapports avec la langue orale peut à son tour devenir objet d'étude. Mais, précisément, cela suppose qu'au préalable l'étude linguistique ait été menée à terme.

---

(3) SAUSSURE, F. de, *Cours de Linguistique Générale*, p. 45.

CHAPITRE II

PHONÉTIQUE

L'affirmation de la primauté de la langue parlée sur toutes les formes de transcription (écriture, etc...) nous conduit à aborder l'étude de la langue corse par le biais de l'étude des sons qu'elle utilise, c'est-à-dire par le biais de l'étude phonétique. Toute langue se présente d'abord, en effet, de manière immédiate et, pour ainsi dire, "tangible", sous la forme d'un matériau phonique, un ensemble de sons produits par les organes phonateurs. L'étude de ce matériau phonique constitue l'objet de la phonétique.

Mais sans doute importe-t-il de rappeler ici quels sont les domaines respectifs de la phonétique, objet du présent chapitre, et de la phonologie, objet du chapitre suivant, et de montrer comment les deux disciplines s'interpénètrent. Toutes deux s'intéressent au plan de l'expression et aux unités non-significatives, c'est-à-dire à la deuxième articulation du langage. Mais leur point de vue est différent. En schématisant un peu les choses on peut dire que la phonétique s'attache à étudier les propriétés physiques du matériau phonique utilisé par les langues : sons, accent, mélodie, intonation, etc... alors que la phonologie cherche à savoir quels sont, parmi ces éléments, dans une langue donnée, ceux qui remplissent une fonction différentiative. La phonétique analyse des unités concrètes, mesurables, enregistrables : elle étudie la *substance* de l'expression. La phonologie met en évidence des unités abstraites, les phonèmes, et la manière dont ils s'organisent en système : elle étudie la *forme* de l'expression, au sens structural du terme.

En fait, dans le cadre d'une étude concrète portant sur une langue particulière, comme c'est le cas ici, les domaines respectifs de la phonétique et de la phonologie sont beaucoup moins strictement délimités. Les principes que nous venons d'énoncer commanderaient que l'on fasse d'abord une étude exhaustive et "objective" de *tous* les sons employés par le corse (nous disons "sons" pour simplifier : il faut évidemment entendre par là tous les phénomènes que nous avons signalés ci-dessus). Après quoi, une étude phonologique dirait ce qui, parmi les éléments dégagés, est pertinent du point de vue linguistique, et comment les sons s'organisent en système. Or cette démarche en deux temps est tout à la fois impossible et sans intérêt.

Impossible, parce que le nombre des sons physiquement différents (l'évaluation de la différence étant évidemment liée aux appareils qui permettent de la mesurer) susceptibles d'être prononcés par les locuteurs d'une langue donnée — le corse par exemple — est infini. Par exemple, il n'est sans doute pas deux personnes qui prononcent *a* de la même manière. Le *a* d'un homme, d'une femme, d'un enfant seront certainement différents. Le *a* de tel mot sera différent du *a* de tel autre mot. Le *a* prononcé par telle personne, dans tel mot, à tel moment, sera différent du *a* prononcé par la même personne, dans le même mot, à tel autre moment. Un rhume, ou tout autre affection de l'appareil phonateur, modifiera aussi considérablement la réalisation des sons. Un *a* réalisé dans un chant sera physiquement très différent d'un *a* prononcé dans une conversation normale, etc... : les facteurs de variation sont innombrables. On discernera un nombre infini de sons différents ou du moins autant que la précision des instruments de mesure utilisés le permettra. Il est donc pratiquement impossible de décrire la totalité des sons employés dans une langue.

Par ailleurs, avons-nous dit, cela serait sans intérêt. En effet, parmi les différentes caractéristiques d'une langue, certaines sont pertinentes d'un point de vue linguistique, d'autres non. Par conséquent, en admettant même que l'on puisse décrire de manière exhaustive chaque son, bon nombre de traits relevés seraient à rejeter : ils n'intéresseraient pas le linguiste. En fait, on pourrait dire que ce qui fait l'identité d'un son, c'est ce qui fait que ce son est différent de tous les autres sons employés par la même langue. Reprenons l'exemple du *a* : ce qui fait son identité, ce qui fait que, justement, on peut parler *du a*, c'est que *a* reste différent, disons en corse du Sud, des sons les plus proches de lui : *ɔ* d'une part, *ɛ* d'autre part. Linguistiquement, il suffit, simplement, que cette distinction (cette *opposition*) soit assurée, et il existe pour cela une certaine marge de réalisation pour le *a*. Par conséquent, la démarche que nous suggérions, description exhaustive des sons d'une langue par la phonétique, étude des fonctions linguistiques de ces sons par la phonologie, apparaît comme très schématique. Il y a, en fait, interpénétration constante entre les deux disciplines. Pour ce qui est du rôle imparti à la phonétique, et qui nous intéresse ici, nous dirons que le phonéticien est obligé de se limiter, de choisir, dans sa description, certains éléments plutôt que d'autres, de considérer comme pertinentes certaines différences et d'ignorer les autres. Qu'est-ce qui va le guider dans cette tâche ? La phonologie. Le phonéticien du corse ne va pas essayer de décrire tous les sons susceptibles d'être proférés en parlant par l'ensemble des locuteurs corses. Il va se limiter à décrire un certain nombre de phénomènes que le phonologue a consignés et considérés comme importants linguistiquement.

En fait, il semble que, avant même l'intervention de toute étude phonologique, les "locuteurs" eux-mêmes de la langue à étudier puissent opérer — et opèrent d'ailleurs inconsciemment — ce choix, ce tri préalable entre les phénomènes linguistiquement pertinents et les autres. Autrement dit, tout se passe comme si tout locuteur d'une langue avait l'intuition de l'organisation phonologique de sa langue. En effet, ce qu'il croit produire, quand il parle, ou ce qu'il "entend" quand les autres parlent, n'a finalement pas grand chose à voir avec ce que l'on pourrait enregistrer, mesurer, tester à l'aide d'appareils en laboratoire. A l'appui de cette hypothèse, les exemples ne manquent pas. Ainsi nous avons, ci-dessus, parlé du très grand nombre de réalisations possibles pour chaque "son", en prenant pour exemple le *a*. Mais, précisément, qu'est-ce qui nous permet de dire qu'il existe un *a* ? Qu'est-ce qui permet d'isoler le "son" du continuum physique dont il fait partie et que représentent les voyelles du corse ? C'est justement son statut de phonème : nous aborderons cette notion dans le chapitre suivant. Mais il importe de noter que tout locuteur a l'intuition de l'existence de ce phonème : ce qu'il perçoit, ce n'est pas la réalité phonétique, dans toute sa diversité, c'est la réalité phonologique.

Un autre exemple, typique du corse : nous enregistrons, dans un village proche d'Ajaccio, le mot **cavallu** *kaw'adu* "cheval". Si nous feignons d'avoir mal entendu et que nous demandons à la personne qui a prononcé ce mot de bien vouloir préciser quelle est la consonne qui apparaît entre les deux *a* et celle qui apparaît entre *a* et *u* elle nous dira sans hésitation qu'il s'agit, respectivement, de v et de ll. Or, il faut le préciser, les locuteurs dont nous obtenons de telles réponses n'ont jamais eu de contact avec la langue écrite, ni, souvent, avec la langue telle qu'elle est parlée dans d'autres régions, dans le Nord de l'Ile notamment : il ne semble pas, par conséquent, qu'il faille voir là l'intervention d'un facteur extérieur, d'une quelconque "culture". Cette intuition, qui veut qu'un *w* soit analysé comme v et un *d* comme ll recouvre une certaine réalité phonologique, sur le détail de laquelle nous reviendrons dans le chapitre suivant. Disons simplement, pour l'instant, que, dans le parler corse dont il s'agit ici, *v* et *w* sont des variantes d'un même phonème, et que *d* doit être analysé phonologiquement comme la séquence ll.

Les exemples de ce genre pourraient être multipliés. Ce qu'ils démontrent, c'est que les locuteurs d'une langue donnée n'"entendent" pas une unité concrète, mesurable, c'est-à-dire un son, mais l'unité abstraite sous-jacente à cette réalisation ou à ces réalisations phonétiques, c'est-à-dire le phonème. Il est intéressant de remarquer que chaque locuteur est capable (et il le fait d'ailleurs de manière immédiate et intuitive) de remonter, au-delà de la réalité phonétique flottante et sujette à de multiples variations de tous ordres, à une réalité abstraite : le système phonologique. Il semble dès lors que l'hypothèse selon laquelle le système phonologique d'une langue possède une réalité psychologique chez ses locuteurs soit fondée. L'analyse phonologique, dans cette perspective, consiste en l'explicitation de l'intuition phonologique d'une langue donnée.

Les remarques précédentes concernant les rapports existant entre la phonétique et la phonologie ont pour objet, en définitive, de montrer qu'une étude phonétique exhaustive et objective du matériau phonique utilisé par une langue donnée est, contrairement à ce que l'on croit communément, illusoire. Il n'en reste pas moins vrai que toute analyse phonologique doit se fonder sur une étude phonétique.

Les sons d'une langue peuvent être décrits de plusieurs points de vue différents. On peut les décrire du point de vue de la manière dont ils sont produits par les organes phonateurs (phonétique articulatoire) ou du point de vue des propriétés acoustiques des ondes sonores qui se propagent (phonétique acoustique); on peut aussi combiner ces deux points de vue. Pour notre part, nous utiliserons les critères de classification articulatoire, car ce sont ceux avec lesquels, nous semble-t-il, le lecteur non-spécialiste est susceptible de se familiariser le plus vite.

Il nous faut insister sur le fait que notre description des sons sera délibérément très sommaire. Nous rappellerons d'abord très brièvement, pour rendre les tableaux qui suivent intelligibles, quels sont les principaux critères de classification articulatoire des sons; nous nous limiterons, bien entendu, dans cette tâche, aux distinctions qu'utilise la langue corse et même souvent à celles qui sont susceptibles de prendre une valeur phonologique. Puis nous répartirons les sons du corse dans des tableaux qui en feront apparaître les principales caractéristiques.

Disons tout d'abord que les sons de la parole sont produits par l'action des organes phonateurs sur la colonne d'air expulsée des poumons. Cela nous fournit un premier critère : *l'obstacle.*

La colonne d'air expulsée des poumons peut ne rencontrer sur son chemin aucun obstacle : c'est le cas des *voyelles.* Elle peut, au contraire, en un point quelconque du chenal expiratoire, rencontrer un obstacle (constitué par la langue, les lèvres, les dents, etc...) : c'est le cas des *consonnes.*

Cet obstacle peut être total : c'est le cas des consonnes *occlusives,* ou bien partiel : c'est le cas des consonnes *fricatives.* Dans l'articulation des consonnes occlusives, les deux organes faisant obstacle à la colonne d'air sont en contact. Dans l'articulation des consonnes fricatives, les deux organes sont très rapprochés mais ne se touchent pas : cela produit une friction de l'air. Par ailleurs, certaines consonnes combinent une occlusion et une friction, ces deux articulations se succèdant très rapidement : c'est le cas des consonnes *affriquées.* Enfin, il existe des consonnes qui combinent présence et absence d'obstacle : ce sont les *liquides.*

Le second critère concerne *l'action des cordes vocales* dans l'acte de la parole. Si elles vibrent, on obtient des voyelles ou des consonnes *sonores.* Si elles ne vibrent pas, on obtient des consonnes *sourdes.*

Le troisième critère intervenant dans la classification des sons est la nature du résonateur : si tout l'air expiré passe par la bouche, on obtient des consonnes ou des voyelles *orales.* Si une partie de cet air passe par les fosses nasales, on obtient des consonnes ou des voyelles *nasales.*

Les consonnes et les voyelles pourront ensuite être caractérisées par leur tension, ou, si l'on préfère, leur durée : on distinguera ainsi des sons tendus et des sons non-tendus.

Le critère suivant concerne *la zone de l'appareil phonateur* où se produit l'obstacle; il n'est donc utilisable que pour les consonnes. Cet obstacle peut être produit par :

— les deux lèvres : on obtient ainsi des consonnes *bilabiales.*

— la lèvre inférieure et les dents supérieures : on obtient ainsi des consonnes *labiodentales.*

— les dents supérieures et la langue : on obtient ainsi des consonnes *dentales.*

— la partie antérieure du palais dur et la langue : on obtient ainsi des consonnes *prépalatales.*

— la partie médiane du palais dur et la langue : on obtient ainsi des consonnes *palatales.*

— le palais mou (voile du palais) et la langue : on obtient ainsi des consonnes *vélaires.*

La partition ainsi opérée est évidemment très schématique; à l'intérieur des zones que nous avons mentionnées, on pourrait faire encore bien des distinctions; de plus, pour les consonnes à l'articulation desquelles la langue participe, on devrait tenir compte de la partie de la langue qui intervient : pointe, dos, etc... Mais nous avons pris le parti de n'indiquer que les distinctions indispensables à la suite de ce travail.

Certains critères, enfin, n'interviennent que pour les voyelles :

En fonction de la position de la langue dans la cavité buccale, on distingue des voyelles *antérieures* (la masse antérieure du dos de la langue se déplace vers la région prépalatale) et des voyelles *postérieures* (la masse postérieure de la langue se déplace vers la région vélaire).

La position des lèvres joue également un rôle : si elles sont arrondies, on obtient des voyelles *arrondies.* Si elles sont rétractées (étirées en large) on obtient des voyelles *rétractées.*

Les voyelles peuvent également se classer en fonction de l'ouverture de la bouche au moment de leur émission. On distingue ainsi des voyelles *fermées* et des voyelles *ouvertes,* ainsi que, le cas échéant, des voyelles *moyennes* s'il y a trois degrés d'ouverture différents ou des voyelles *mi-fermées* et *mi-ouvertes* s'il y en a quatre.

Il va bien entendu de soi que les différents critères concernant un type de son (consonnes, voyelles) se combinent entre eux. Ainsi, une consonne sera définie par :

- la nature et la force de l'obstacle auquel se heurte la colonne d'air expulsée des poumons.
- l'absence ou la présence de vibrations des cordes vocales.

- la zone de la cavité buccale où se produit l'obstacle.
- la nature du résonateur utilisé.
- la tension.

De même une voyelle sera définie simultanément par :

- la position de la langue dans la cavité buccale pendant son émission.
- la position des lèvres.
- l'aperture de la bouche.
- la nature du résonateur utilisé.
- la durée de l'émission.

Parmi tous les sons rendus possibles par les interventions des organes phonateurs, chaque langue opère des choix; elle découpe le continuum phonique. Nous nous attacherons ici à classer les sons qui sont utilisés par les gens qui parlent le corse. Précisons enfin que tous les sons que nous décrivons ne sont pas employés simultanément, dans toutes les régions de Corse. Chaque région — chaque communauté linguistique — n'emploie qu'une partie du matériau phonique que nous présentons : cette partie sera définie au cours des études consacrées aux différents parlers.

En conséquence, nous adopterons une convention relative à la notation de nos exemples, cette convention étant de pure commodité : chaque fois qu'un son existe dans notre parler — celui de *Veru* —, nous illustrerons son existence par des exemples empruntés à ce parler, sans les faire suivre d'une indication particulière; chaque fois, en revanche, qu'un son n'est pas représenté à *Veru,* nous emprunterons nos exemples aux parlers des autres régions et nous signalerons toujours dans ce cas à quel parler appartiennent les mots que nous citons. Notre transcription utilise les symboles de l'Alphabet Phonétique International.

LES VOYELLES DU CORSE.

On peut repérer, dans les parlers corses, les sons vocaliques suivants :

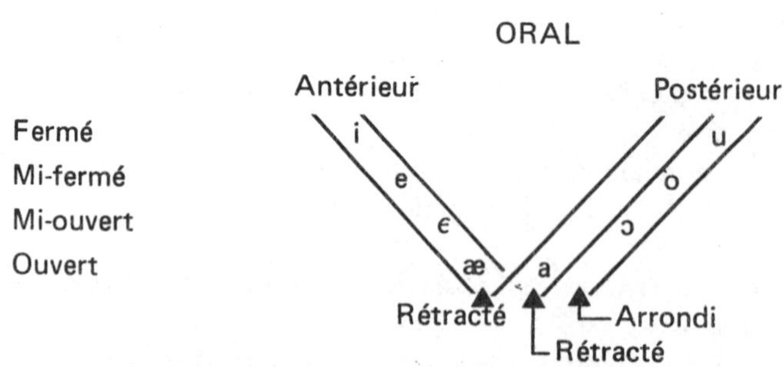

NASAL

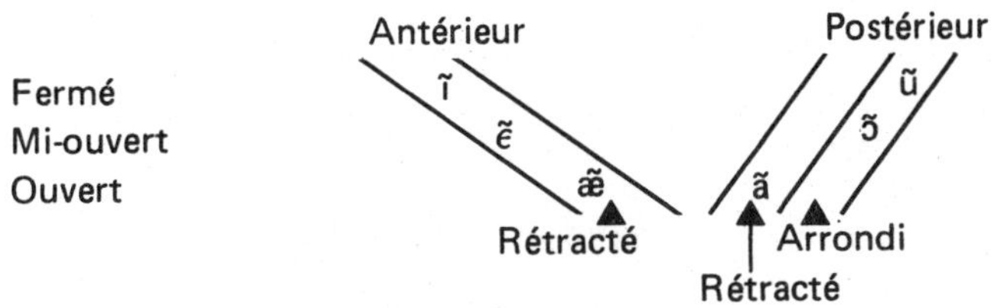

Quelques remarques s'imposent à propos de ces voyelles. Les voyelles du second tableau ne sont que faiblement nasales. Il ne s'agit pas, comme en français par exemple, de voyelles véritablement nasales, mais plutôt de voyelles "nasalisées" : c'est une faible partie de l'air qui passe par le nez. Par ailleurs, les voyelles nasalisées sont toujours suivies d'une consonne nasale dont l'articulation reste très nette. On peut ainsi comparer : corse **canta** *k'ãnta* et français **chante** *ʃ'ãtə* : dans le premier, *ã* est moins nasalisé que dans le second. D'autre part, le *ã* du premier est suivi de *n*, ce qui n'est pas le cas pour le second. De plus, le degré de nasalisation est sujet en Corse à des variations importantes selon les régions, selon que la voyelle nasalisée est tonique ou non, selon qu'elle figure dans une syllabe ouverte ou fermée.

En second lieu, il faudrait noter l'existence de voyelles longues et brèves : par exemple, le premier *a* de **falà** *f'ala* "il descend" est beaucoup plus long que le second. Mais la longueur de la voyelle ne joue, en corse, aucun rôle phonologique : elle est toujours prévisible (redondante) — et à ce titre, d'ailleurs, elle ne semble même pas être perçue par les locuteurs. Elle est en effet liée à la présence ou à l'absence de l'accent d'une part, au caractère fort ou faible de la consonne suivante de l'autre (1); nous ne noterons donc pas la durée des voyelles. En revanche, nous marquerons la place de l'accent tonique par un petit trait vertical, précédant la voyelle sur laquelle il porte : *'a* par exemple.

Donnons à présent quelques exemples; considérons la première syllabe des mots cités

Le son *i* apparaît dans	**a pila**	*a p'ila*	"la meule"
Le son *e* apparaît dans	**u seru**	*u z'eru*	"le petit lait"
Le son *ɛ* apparaît dans	**a mela**	*a m'ɛla*	"la pomme"
Le son *æ* (2) apparaît dans	**a carne**	*a g'ærnɛ*	"la viande" (Casinca)
Le son *a* apparaît dans	**a fame**	*a v'ami*	"la faim"
Le son *ɔ* apparaît dans	**u toru**	*u t'ɔru*	"le taureau"
Le son *o* apparaît dans	**a tola**	*a t'ola*	"la table"
Le son *u* apparaît dans	**a funa**	*a v'una*	"la corde en poil de chèvre"
Le son *ĩ* apparaît dans	**u tintu**	*u t'ĩntũ*	"le pauvre"
Le son *ɛ̃* apparaît dans	**a mente**	*a m'ɛ̃ntĩ*	"l'esprit"

(1) Cf. M. GIACOMO-MARCELLESI, "les consonnes complexes corses dans le système phonématique de Sotta", in *Études Corses* N° 8, en part. p. 159.

(2) Le son dont il s'agit ici, *æ*, est voisin de celui de l'anglais *k'æt* "chat".

Le son *æ̃* apparaît dans **u ventu** *u w'æ̃ntu* "le vent" (Casinca, Balagna...)
Le son *ã* apparaît dans **u santu** *u z'ãnt̄u* "le saint"
Le son *õ* apparaît dans **u tontu** *u t'õnt̄u* "le fou"
Le son *ũ* apparaît dans **a punta** *a p'ũnt̄a* "la pointe"

LES CONSONNES DU CORSE

				BILABIAL	Labio-dent.	DENTAL	RÉTROFL.	PRÉPALAT.	PALATAL	VÉLAIRE
occlusif	oral	sourd	tendu	p̄		t̄				k̄
			non-tendu	p		t				k
		sonore	tendu	b		d	ɖ			g
			relâché	β		ð				γ
	nasal		tendu	m̄		n̄				
			non-tendu	m		n		ɲ		η
affriqué	oral	sourd	tendu					t̄ʃ		
			non-tendu			ts		tʃ	tj	
		sonore	tendu			dz		dʒ	dj	
fricatif		sourd	tendu		f	s		ʃ		
		sonore	tendu		v	z		ʒ		
liquide	latéral		tendu			l̄				
			non-tendu			l			ʎ	+
	vibrant		tendu					r̄		
			non-tendu					r		R
semi-consonne	non-arrondi								j	
	arrondi								ɥ	w

Nous devons ajouter quelques précisions à ce tableau. D'une part, l'occlusive orale dentale sonore a, essentiellement dans le sud de la Corse, une articulation particulière qui consiste en un recul du point d'articulation sur la voûte palatale accompagné d'un mouvement rétroflexe de la langue. Ce type d'articulation est parfois désigné sous le nom de cacuminal. Ce phénomène est plus ou moins marqué selon les régions. Nous avons transcrit cette occlusive dentale par *ɖ*. D'autre part, le caractère tendu d'une consonne est noté par un petit trait horizontal surmontant celle-ci; ainsi un *p* tendu est représenté par *p̄*. Donnons quelques exemples de lecture du tableau :

p̄ se définit comme une consonne bilabiale, tendue, sourde, orale, occlusive.

tʃ se définit comme une consonne prépalatale, non-tendue, sourde, orale, affriquée.

n se définit comme une consonne dentale, non-tendue, sonore, nasale, occlusive.

Nous reprenons à présent chacun de ces sons en les situant dans des "mots" afin de les illustrer.

LES OCCLUSIVES ORALES.

Elles se caractérisent par l'existence, pour les sourdes, de deux degrés : tendu et non-tendu. Pour les sonores, l'occlusive dentale *d* présente un correspondant non-tendu *ð* qui se caractérise par une occlusion très faible. (Ce son est voisin de *r*). *b* présente également un correspondant faible *β*.

Le son *p̄* apparaît dans	**trè pani**	*tr'ɛ p̄'ani*	"trois pains"
	scappà	*skap̄'a*	"s'échapper"
Le son *p* apparaît dans	**u pane**	*u p'ani*	"le pain"
	u capu	*u k'apu*	"la tête"
Le son *t̄* apparaît dans	**trè tori**	*tr'ɛ t̄'ɔri*	"trois taureaux"
	fattu	*f'at̄u*	"fait"
Le son *t* apparaît dans	**u toru**	*u t'ɔru*	"le taureau"
	a rate	*a r'ati*	"la claie"
Le son *k̄* apparaît dans	**trè case**	*tr'ɛ k̄'azi*	"trois maisons"
	a vacca	*a w'ak̄a*	"la vache"
Le son *k* apparaît dans	**a casa**	*a k'aza*	"la maison"
	u ghjacaru	*u j'akaru*	"le chien"
Le son *b* apparaît dans	**bagnu**	*b'anju*	"bain"
	babbu	*b'abu*	"père"
Le son *β* apparaît de manière facultative dans	**u bagnu**	*u β'anju*	"le bain" (cf. phonologie)
Le son *d* apparaît dans	**dente**	*d'ẽnt̄i*	"dent"
	cavallu	*k̄aw'adu*	"cheval"
Le son *ɖ* apparaît dans	**cavallu**	*k̄aw'aɖu*	"cheval" (extrême Sud)
Le son *ð* apparaît dans	**u dente**	*u ð'ẽnt̄i*	"la dent"
	u pede	*u p'eði*	"le pied"

Le son *g* apparaît dans	**gola**	*g'ɔla*	"gorge"
	pagà	*p̄ag'a*	"payer"
Le son *γ* apparaît dans	**u ganciu**	*u γ'ant̄ʃu*	"le crochet" (facultatif)

LES OCCLUSIVES NASALES.

Il existe en corse des consonnes nasales d'articulation bilabiale : *m*, dentale : *n*, palatale : *ɲ*, et vélaire : *ŋ*. La nasale vélaire *ŋ* est, en gros, celle que l'on trouve en anglais, par exemple dans le suffixe -ing. C'est une consonne nasale articulée avec le dos de la langue contre le voile du palais.

Le son *m̄* apparaît dans	**hè mortu**	*'ɛ m̄'ort̄u*	"il est mort"
	mamma	*m̄'am̄a*	"maman"
Le son *m* apparaît dans	**a mela**	*a m'ɛla*	"la pomme"
	amu	*'amu*	"hameçon"
Le son *n̄* apparaît dans	**hè natu**	*'ɛ n̄'atu*	"il est né"
	nannu	*n̄'an̄u*	"nain"
Le son *n* apparaît dans	**u nasu**	*u n'azu*	"le nez"
	anu	*'anu*	"ils ont"
Le son *ɲ* apparaît dans	**magna**	*m̄'aɲa*	"il mange"
Le son *ŋ* apparaît dans	**a fanga**	*a v'ãŋga*	"la boue"
	cioncu	*t̄ʃ'ɔ̃ŋk̄u*	"sourd"

LES AFFRIQUÉES.

Rappelons qu'il s'agit de consonnes dont l'émission comporte, en gros, deux temps : une occlusion suivie d'une friction de l'air. Elles combinent donc une articulation occlusive et une articulation fricative. Les affriquées du corse se caractérisent, comme les fricatives *s, z, ʃ, ʒ* qui leur correspondent, par un assez grand étalement de la langue contre la voûte palatale : la surface de contact entre la langue et le palais est plus grande que dans les fricatives françaises *s, z, ʃ, ʒ*.

Le son *ts* apparaît dans	**u zitellu**	*u tsit'edu*	"l'enfant"
	u pozzu	*u p'ɔtsu*	"le puits"
Le son *dz* apparaît dans	**u zannu**	*u dz'an̄u*	"l'outre"
	mezu	*m̄'edzu*	"milieu"
Le son *t̄ʃ* apparaît dans	**hè cioncu**	*'ɛ t̄ʃ'ɔ̃ŋk̄u*	"il est sourd"
	facciu	*f'at̄ʃu*	"je fais"
Le son *tʃ* apparaît dans	**a civa**	*a tʃ'iwa*	"la tripe"
	a pece	*a p'ɛtʃi*	"la poix"
Le son *dʒ* apparaît dans	**giallu**	*dʒ'adu*	"jaune"
	argentu	*ardʒ'ẽnt̄u*	"argent"
Le son *tj* apparaît dans	**chjave**	*tj'aɥi*	"clef"
	machja	*m̄'atja*	"maquis"
Le son *dj* apparaît dans	**ghjacaru**	*dj'akaru*	"chien"
	aghju	*'adju*	"j'ai"

Les fricatives.

Rappelons qu'elles résultent d'une friction de l'air entre deux organes légèrement disjoints. Il existe, en corse, des fricatives articulées en trois zones différentes :

— les fricatives labiodentales : articulées avec la lèvre inférieure et les dents supérieures : *f* et *v*.

— les fricatives dentales (ou, pour être plus précis, alvéolaires) : *s* et *z*.

— les fricatives palatales, articulées avec la langue dans la région du palais dur : *ʃ* et *ʒ*.

Nous avons signalé ci-dessus l'étalement caractéristique des fricatives (dentales et palatales) corses.

Pour chaque point d'articulation, il existe une fricative sonore et une fricative sourde.

Le son *f* apparaît dans	**trè fetti**	*tr'ɛ f'ɛt̄i*	"trois tranches"
	goffu	*g'ɔfu*	"laid"
Le son *v* apparaît dans	**a fame**	*a v'ami*	"la faim"
	u tafone	*u tav'ɔni*	"le trou"
Le son *s* apparaît dans	**hè solu**	*'ɛ s'ɔlu*	"il est seul"
	rossu	*r̄'ɔsu*	"rouge"
Le son *z* apparaît dans	**u sumere**	*u zum'eri*	"l'âne"
	posà	*p̄uz'a*	"s'asseoir"
Le son *ʃ* apparaît dans	**sciancu**	*ʃ'ãŋk̄u*	"boiteux"
	u pesciu	*u p'ɛʃu*	"le poisson"
Le son *ʒ* apparaît dans	**u sgiò**	*u ʒ'ɔ*	"le seigneur"
	brusgià	*bruʒ'a*	"brûler"

Les liquides.

Elles se caractérisent par le fait qu'elles combinent obstacle et absence d'obstacle.

Les liquides latérales sont articulées avec la langue contre le palais (l'articulation pouvant avoir lieu en plusieurs zones, de la zone dentale ou alvéolaire à la zone du voile du palais). Les liquides vibrantes se caractérisent par une marge de réalisation spécialement étendue, et leur articulation varie beaucoup selon les individus, du moins dans les régions où cela ne joue pas de fonction linguistique. Dans certaines régions et chez certains informateurs, il est même possible de trouver des *ʁ* "français", c'est-à-dire articulés au niveau de la luette, alors que le *r* normal dans ces régions est prépalatal : l'influence du français semble d'ailleurs manifeste dans des cas de ce genre. Nous ne tiendrons pas compte ici de ces phénomènes. Il faut ajouter que, dans certaines régions, il existe, pour chacune des liquides, une forte (tendue) et une faible (non-tendue).

Le son *l̄* apparaît dans	**trè lume**	*tr'ɛ l̄'umi*	"trois lumières"
	cavallu	*kaw'al̄u*	"cheval" (Casinca)
Le son *l* apparaît dans	**pelu**	*p̄'ɛlu*	"poil"
	a luna	*a l'una*	"la lune"
Le son *ʎ* apparaît dans	**moglia**	*m̄'ɔʎa*	"épouse"
Le son *ł* apparaît dans	**pelu**	*p'ɛłu*	"poil" (Haute Balagne)
	a luna	*a ł'una*	"la lune" (Hte Balagne)
Le son *r̄* apparaît dans	**trè rospulì**	*tr'ɛ r̄'ospuli*	"trois crapauds"
	sarrà	*sar̄'a*	"fermer"
Le son *r* apparaît dans	**u rospulu**	*u r'ospulu*	"le crapaud"
	chjaru	*tj'aru*	"clair"

LES SEMI-CONSONNES.

Elles sont caractérisées par la faiblesse de leur articulation consonantique. Les semi-consonnes du corse sont au nombre de trois. *w* et *ɥ* se caractérisent par un arrondissement des lèvres, alors que *j* est articulé avec les lèvres rétractées. D'autre part *j* et *ɥ* se caractérisent par leur articulation palatale, alors que *w* est articulé au niveau du voile du palais. La semi-consonne *j* se trouve, en français, dans un mot comme **fille** *f'ijə* ou **rien** *rj'ɛ̃*. *w* se trouve, en français, dans : **pois** *pw'a* ou **oui** *w'i*. *ɥ* se trouve dans **lui** *lɥ'i*, **huit** *ɥ'it* etc... En corse, donnons les exemples suivants :

Le son *w* apparaît dans	**a volpe**	*a w'ɔlp̄i*	"le renard"
	cavallu	*k̄aw'adu*	"cheval"
Le son *ɥ* apparaît dans	**u vinu**	*u ɥ'inu*	"le vin"
	ovi	*'oɥi*	"œufs"
Le son *j* apparaît dans	**u ghjacaru**	*u j'akaru*	"le chien"
	u maghjale	*u maj'ali*	"le cochon"

Avant de clore cette partie phonétique, signalons que dans la suite de cet ouvrage, pour des raisons de simplicité, nous adopterons une transcription pré-phonologique. En particulier, nous ne mentionnerons pas, sauf nécessité, lorsque nous citerons une forme, toutes les variantes libres possibles; nous noterons *nj* et *lj* les nasale et latérale palatales, suivant en cela l'analyse que nous donnerons du système plus que les caractéristiques phoniques; enfin, nous ne noterons la nasalisation des voyelles que là où elle peut jouer un rôle phonologique.

CHAPITRE III

ANALYSE PHONOLOGIQUE DE QUELQUES PARLERS CORSES

Une fois décrit — sommairement — le matériau phonique utilisé par le corse, il convient d'étudier la manière dont ce matériau est utilisé, c'est-à-dire la manière dont il s'organise en système phonologique : c'est l'objet du présent chapitre. Mais il importe, avant d'aborder ce travail d'analyse phonologique, d'en situer avec précision l'objet.

Nous avons, dans le précédent chapitre, présenté les sons utilisés par *la langue corse.* Nous présentons ici l'analyse phonologique de *quelques parlers corses.* Pourquoi ? Deux types de réponse sont possibles.

D'un premier point de vue, on peut dire que ces termes de "parler" et "langue" ne sont pas antinomiques mais peuvent être synonymes : il s'agit de savoir de quel point de vue on se place. Si l'on étudie la manière dont on parle dans telle ou telle région, on se trouvera, de toute façon, en présence d'un système linguistique, apte à assurer sa fonction de communication. Ce système linguistique pourra être désigné du terme général de *langue.* Si maintenant l'étude de ce système linguistique s'insère dans un ensemble plus vaste, comprenant l'étude des systèmes linguistiques voisins, on emploiera le terme de *parlers,* pour chacun des systèmes particuliers par référence à la *langue,* qui est précisément la base commune à ces différents parlers : il s'agit donc de notions relatives, qui seront vues de plus près dans le chapitre consacré à la dialectologie.

Une seconde réponse est précisément fournie par le fait que la langue, au second sens du terme, c'est-à-dire la langue-base des différents parlers, à laquelle nous avons fait allusion, n'est pas directement observable. On peut "observer" les sons qui sont employés dans les différentes régions de Corse, et en faire la "somme" : c'est, en gros, ce que nous avons fait dans le chapitre consacré à la phonétique. En revanche, on ne peut pas faire une "somme" de phonèmes, car un phonème n'existe que dans un système donné. Par conséquent, la seule démarche possible consiste à établir le fonctionnement de chaque système particulier avant d'envisager le système phonologique de la langue corse. Dans cette perspective, nous étudierons ici successivement un parler du Centre-Sud : *Veru,* des parlers du Nord-Est : *Cervioni, Casinca,* des parlers du Nord-Ouest : *Niolu, Balagna* et un parler de l'Extrême-Sud *Auddè* (Aullène). Nous amorcerons la phase de synthèse dans le chapitre VI.

Ce qui caractérise une langue — un parler — ce n'est pas seulement le matériau phonique qu'elle utilise. C'est aussi — on pourrait même dire surtout — la manière dont elle l'utilise. Ainsi, on pourrait imaginer une langue qui possèderait exactement les mêmes sons que tel ou tel parler corse, et qui ne serait pourtant pas le corse, qui pourrait même en être fort différente. Il convient donc, pour caractériser la langue que nous étudions, de définir la manière dont elle utilise le matériau phonique qu'elle a à sa disposition, c'est-à-dire, en gros, d'établir selon quelles règles elle combine les sons qu'elle possède pour fabriquer des séquences phoniques correctes. Rappelons que nous nous plaçons ici strictement sur le plan de l'expression : la phonologie concerne la deuxième articulation du langage, c'est-à-dire l'articulation en unités non-significatives (cf. chap. I). Par conséquent, lorsque nous parlons de séquences correctes, nous ne parlons pas forcément du signifiant de "mots" qui existent dans la langue : il peut s'agir simplement de combinaisons de sons qui sont jugées "possibles" par les locuteurs, même si elles n'"existent" pas, c'est-à-dire si on ne peut pas leur faire correspondre de contenu : nous verrons de plus près cette notion de "séquence possible" par la suite.

Les fonctions linguistiques.

On distingue ordinairement en phonologie deux fonctions principales : la fonction distinctive et la fonction contrastive.

Un élément remplit une fonction distinctive s'il permet à lui seul d'assurer la différence entre deux séquences phoniques porteuses de sens différents. On appelle phonème un tel élément. Considérons par exemple une série de mots; par convention la forme orthographique apparaîtra en caractères gras, la transcription phonétique en italiques et la signification entre guillemets.

mele	*m̄'eli*	"miel"
mele	*m̄'ɛli*	"pommes"
mali	*m̄'ali*	"mauvais"
muli	*m̄'uli*	"mulets"

Ces mots ont des sens différents. A ces différences de sens correspondent des différences ponctuelles dans l'expression. Ce sont, respectivement, les sons *e, ɛ, a, u* qui assurent à eux seuls à chacune des unités significatives ci-dessus un sens différent de celui de chacune des autres. C'est l'existence de cette différence de signification qui nous permet de dire que, toutes choses étant, dans ces mots, égales par ailleurs, /e/, /ɛ/, /a/, /u/ sont des unités distinctives, ou *phonèmes,* notés conventionnellement entre barres obliques.

Des unités comme *m̄'ali, m̄'uli* etc... forment deux à deux ce que l'on appelle des *paires minimales,* c'est-à-dire qu'elles se distinguent par l'apparition d'un phonème ou d'un autre en un point, tout le reste demeurant identique. Il faut bien noter que :

— Il est absolument nécessaire qu'à la différence assurée, sur le plan de l'expression, par deux sons différents corresponde une différence sur le plan du contenu pour que l'on puisse parler de phonèmes. Or, il n'en est pas toujours ainsi. A *Veru* par exemple, on peut entendre dire, selon les cas : *t̄'ɔru* ou *t̄'ɔRu* pour désigner un taureau. Sur le plan de l'expression, on a donc une différence entre *r* et *R*; mais cette différence ne s'accompagne pas de différence sur le plan du contenu : *t̄'ɔru* et *t̄'ɔRu* ont tous deux le même sens. A *Veru* donc, *r* et *R* ne constituent pas deux phonèmes distincts. Ce sont des *variantes libres* d'un phonème /r/. Les locuteurs, selon leur âge, leur situation, les contacts qu'ils ont avec le français, etc... emploieront *r* ou *R*, qui n'ont pas, ici, de valeur distinctive [(2)].

— Par ailleurs, il est absolument nécessaire, pour déterminer le statut de phonème de tel ou tel élément, que toutes choses soient égales par ailleurs, c'est-à-dire que le *contexte* — l'entourage — des éléments considérés soit identique. Prenons un exemple. Si nous considérons les unités : **ovu** *'owu* "œuf" et **ovi** *'oɥi* "œufs" nous pouvons être tentés de considérer que *w* et *ɥ* sont des phonèmes. Mais il existe une autre différence, entre ces deux unités, sur le plan de l'expression : elle est assurée par *u* et *i.* Or, une analyse approfondie nous montrera, par la suite, que l'apparition de *w* ou *ɥ* est liée obligatoirement à celle de *u* et *i* : *w* devant *u, ɥ* devant *i*. /i/ et /u/ constituent des phonèmes : l'analyse l'établira. En revanche, *w* et *ɥ*, qui ne s'opposent jamais dans aucun contexte, c'est-à-dire qui ne peuvent jamais, à eux seuls, établir une différence entre deux unités significatives, sont des *variantes contextuelles* ou *combinatoires* d'un phonème unique, que nous pourrons noter, par exemple, /w/ : dans certains contextes apparaît *w*, dans les autres apparaît *ɥ*. On n'a jamais le choix entre *w* et *ɥ*.

L'ensemble des éléments qui peuvent apparaître à la même place s'appelle un paradigme. A l'intérieur d'un paradigme, chaque phonème a pour fonction d'être différent des autres. Ainsi, dans certains parlers du nord, dans une syllabe qui n'est pas accentuée peuvent figurer quatre voyelles : *i, u, ɛ* et *a*. Ces quatre voyelles constituent un paradigme. Les traits phoniques qui constituent ces voyelles ont été évoqués dans la partie phonétique : *i* est une voyelle fermée, antérieure, non arrondie; *u* est une voyelle fermée, postérieure et arrondie; *ɛ* est une voyelle mi-ouverte, antérieure et non-arrondie. A l'intérieur du paradigme considéré, certains des traits phoniques remplissent

(2) Cette situation n'est pas générale en corse; il peut se faire que dans d'autres régions une opposition existe entre *r* et *R*.

une fonction distinctive mais pas tous : le trait fermé par exemple est un trait distinctif parce qu'il permet de distinguer *i* de *ϵ*; le trait antérieur est un trait distinctif parce qu'il permet de distinguer *ϵ* de *a*. Ainsi, à l'aide de ces deux couples de traits fermé/ouvert et antérieur/postérieur, on peut caractériser toutes les voyelles du paradigme.

	Antérieur	Postérieur
Fermé	i	u
Ouvert	ϵ	a

Les autres traits phoniques (mi-ouvert, arrondi, non-arrondi) ne sont pas distinctifs. Un phonème n'est rien d'autre qu'un ensemble de traits distinctifs.

Mais la distinction entre deux mots n'est pas toujours assurée (comme c'est le cas avec les phonèmes) de manière ponctuelle. Il arrive qu'elle soit assurée de manière globale. Considérons par exemple :

cantà	*k̄ant̄'a*	"chanter"
canta	*k̄'ant̄a*	"il chante"

La différence de sens que l'on observe correspond à des places différentes de l'accent. Mais l'accent n'est pas un phénomène ponctuel; on ne pourrait pas dans *k̄ant̄'a* remplacer *'a* par *a* car cela donnerait un mot *k̄ant̄a* impossible puisque tout mot porte un accent; on ne pourrait pas non plus dans *k̄ant̄'a* remplacer le premier *a* par *'a* car cela donnerait un mot *k̄'ant̄'a* impossible également puisque tout mot ne porte qu'un accent (3).

Par conséquent le rôle de l'accent consiste à distinguer globalement une séquence complexe *a-'a* d'une autre séquence complexe *'a-a*. Sa fonction est dite contrastive.

L'accent, en corse, peut remplir cette fonction contrastive parce qu'il est partiellement libre. A la différence du français, où la dernière syllabe sans *e* muet porte toujours l'accent, en corse, l'accent peut frapper les trois dernières syllabes (et même, parfois, la quatrième syllabe à partir de la fin).

• accent sur la dernière syllabe : les mots ainsi accentués sont appelés des *oxytons*. C'est le cas de :

stà	*st'a*	"rester"
magnà	*m̄anj'a*	"manger"
bulicà	*bulik'a*	"remuer"

(3) Une unité accentuelle n'est pas un "mot", au sens trivial du terme. Par exemple, **cavuli fiore** *k̄'awuli vj'ɔri* "chou-fleur", **petti rossu** *p̄'et̄i r'ɔsu* "rouge-gorge", **arbabarona** *'arbabar'ɔna* "thym" seraient probablement considérés comme des "mots" : ils contiennent, chacun, deux unités accentuelles. En revanche, l'article **u** *u*, les prépositions **di** *di*, **par** *par* etc... seraient peut-être également considérées comme des "mots" : or ils ne portent pas d'accent et ne peuvent constituer à eux seuls une unité accentuelle.

sicurità	*sikurit'a*	"sécurité"	
intartaghjulà	*intartadjul'a*	"bégayer"	etc...

• accent sur l'avant-dernière syllabe : les mots ainsi accentués sont appelés des *paroxytons.* C'est le cas de :

ellu	*'ɛdu*	"lui"	
zitellu	*tsit'edu*	"enfant"	
agnillucciu	*anjid'ut͡ʃu*	"petit agneau"	
imbrasgianassi	*imbraʒan'asi*	"s'embraser"	
induvinaghjolu	*induɥinadj'olu*	"devin"	etc...

• accent sur l'avant-avant-dernière syllabe : les mots accentués sont appelés des *proparoxytons.* C'est le cas de :

anatra	*'anatra*	"canard"
mandigliulu	*m̄and'iljulu*	"mouchoir"
stacciarigliulu	*stat͡ʃar'iljulu*	"tamis"

• accent sur la quatrième syllabe à partir de la fin : il s'agit d'un phénomène un peu exceptionnel dans la mesure où il ne se produit que dans un cas : le cas des verbes suivis de deux pronoms personnels. On a ainsi :

detimini	*d'ɛtimini*	"donnez m'en"	
mandetiuli	*m̄and'ɛtiuli*	"envoyez-le lui"	etc...

Les propriétés combinatoires des phonèmes.

Nous avons assigné comme but à l'analyse phonologique l'établissement des règles selon lesquelles sont composées des séquences correctes. Voyons à présent cela de plus près. Considérons un vocabulaire, V, qui contiendrait tous les phonèmes du corse de Veru (supposons-en la liste établie). A l'aide de ce vocabulaire V, on peut fabriquer un langage L qui est un ensemble des séquences formées à partir des éléments de V : L contient toutes les séquences — les "mots" — pouvant être obtenues par combinaison des éléments de V. On obtiendrait ainsi des séquences que l'on pourrait classer en trois types.

• un premier type contiendrait des séquences comme : *k̄ant̄'a, p̄'eði, 'omu, tsit'edu* etc... c'est-à-dire des séquences existant réellement, auxquelles sont associées des significations.

• un second type contiendrait des séquences comme : *k̄al'ɛna, f'iru, p̄'eku, m̄'ɔna* etc... c'est-à-dire des séquences auxquelles il n'est pas (ou pas encore, ou plus) associé de signification, mais qui sont néanmoins possibles : c'est du moins ce que nous indique notre intuition de la langue.

• un troisième type contiendrait des séquences comme *ʃpfr, 'ampr, tzigwr* etc... ou tout ce que l'on peut imaginer d'autre, c'est-à-dire des séquences qui n'existent pas et que notre intuition de la langue juge impossibles.

Il est donc bien clair que ce qui caractérise une langue, ce n'est pas seulement ses phonèmes, mais aussi la manière de les combiner entre eux pour former des mots, ou plutôt des unités accentuelles. Notre travail va consister à établir comment — selon quelles règles — combiner des phonèmes entre eux pour obtenir des séquences correctes, c'est-à-dire réelles ou possibles : on peut en quelque sorte concevoir l'analyse phonologique comme l'explicitation de l'intuition que l'on a de la correction ou de l'incorrection des séquences proposées.

Pour établir selon quelles lois les phonèmes se combinent, il faut en faire une classification. Une *classe* se définit comme un ensemble d'éléments qui ont le même comportement. Certaines classifications sont évidentes ; par exemple, voyelles et consonnes ne peuvent pas appartenir à la même classe : elles n'ont pas le même comportement. Ainsi, une voyelle peut, à elle seule, constituer une syllabe, ou une unité accentuelle : **hà** *'a* "il a" **hè** *'ϵ* "il est" etc... En revanche, une consonne ne le peut pas : elle doit toujours s'accompagner d'une voyelle. Cela nous livre une première classification des phonèmes en phonèmes vocaliques et phonèmes consonantiques, sur la base de leur comportement respectif.

Mais il faudra raffiner cette première classification : ainsi, dans une syllabe, il ne peut y avoir, en corse, qu'une voyelle, mais, en revanche, il peut y avoir plusieurs consonnes. Considérons par exemple la première syllabe du mot *str'am-bu* "qui louche". De part et d'autre de la voyelle -a- s'organisent quatre consonnes. La relation qui unit, dans cette syllabe -stram-, les cinq éléments (la voyelle et les quatre consonnes) est dite *relation syntagmatique.* On dira encore que ces éléments sont combinés sur *l'axe syntagmatique* (4). Nous devrons donc établir, sur la base de l'étude de cette syllabe, cinq classes : quatre classes consonantiques et une classe vocalique : en effet, des éléments qui peuvent se combiner syntagmatiquement ne peuvent appartenir à la même classe. Les éléments *s, t, r, m* sont chacun le représentant d'une classe consonantique, une classe étant constituée d'éléments qui peuvent s'opposer, c'est-à-dire commuter, être remplacés les uns par les autres, dans tous les contextes.

Prenons un exemple qui nous permettra de mieux cerner cette notion de classe. Considérons les unités suivantes : **tè** *t'ϵ* "toi" et **rè** *r'ϵ* "roi". Nous avons ici ce que nous avons appelé une paire minimale. Nous pouvons en déduire l'existence de deux phonèmes, /t/ et /r/, que la commutation permet de mettre en évidence : si, dans le mot *t'ϵ*, nous remplaçons /t/ par /r/, nous obtenons un autre mot, *r'ϵ*, qui est tout a fait correct. /t/ et /r/ sont donc commutables.

---

(4) L'axe syntagmatique peut être figuré comme une ligne horizontale représentant la chaîne parlée; en chaque point de cette ligne passe une ligne verticale, l'axe paradigmatique, figurant l'ensemble des possibilités pouvant se réaliser en ce point.

On ne peut cependant pas en déduire que /t/ et /r/ appartiennent à la même classe : si c'était le cas, ils devraient pouvoir être remplacés l'un par l'autre – être commutables – dans tous les contextes. Or, ce n'est pas le cas : en effet, dans un mot comme **trè** *tr'ɛ* "trois", /t/ et /r/ ne sont pas commutables. Dans ce mot, on ne peut remplacer /t/ par /r/ : on obtiendrait *rr'ɛ*, qui est impossible. On ne peut pas non plus remplacer /r/ par /t/ : on obtiendrait *tt'ɛ* qui est également impossible. /r/ et /t/, qui ne peuvent pas être commutés dans tous les contextes, et qui n'occupent pas la même position dans la chaîne syllabique, ne peuvent appartenir à la même classe.

Sans doute est-il possible, à présent, de mieux cerner la démarche de l'analyse phonologique. Celle-ci est double :

- l'analyse syntagmatique permet d'établir quelle classe de phonèmes peut figurer dans une position donnée,
- l'analyse paradigmatique permet de déterminer quels traits ont une fonction distinctive à l'intérieur d'une classe.

Il est clair que cette division est quelque peu schématique; dans la pratique, les deux démarches se confondent parfois. Elles doivent en tout cas être menées de pair et non pas successivement.

Il importe maintenant de fixer un cadre à l'analyse syntagmatique. Nous nous posons, en effet, la question de savoir comment combiner des phonèmes entre eux pour obtenir des séquences correctes : c'est le but que nous avons assigné à l'analyse phonologique. Or, les séquences – les mots – que nous voulons pouvoir obtenir sont de longueur très variable. A côté des mots comme **hà** *'a* "il a", **hè** *'ɛ* "il est", etc..., qui sont réduits à une voyelle, on a des mots très longs, comme **agruchjupigliulitu** *agrutjupiljul'itu* "recroquevillé", etc... L'éventail des possibilités est très large. Pour trouver des régularités, il faut tenter de simplifier. Nous ferons une hypothèse simplificatrice qui consistera à poser l'existence de niveaux hiérarchisés sur le plan de l'expression : l'unité intonationnelle se compose d'unités accentuelles, ces dernières de syllabes, ces dernières enfin de phonèmes. Nous analyserons toute séquence complexe comme la succession de structures simples connues. Nous nous donnerons, comme unité de base, la syllabe. Ainsi, pour connaître la structure de n'importe quelle séquence, il nous suffira de connaître la structure de la syllabe, la séquence étudiée en étant considérée comme une multiplication : l'économie réalisée est considérable.

Il nous faudra cependant, par la suite, apporter un certain nombre de restrictions à cette analyse, et mentionner des caractéristiques propres à chaque niveau.

Par exemple, il existe une contrainte qui pèse sur la syllabe finale, et la différencie des autres syllabes : alors que ces dernières peuvent être terminées par une consonne (c'est le cas de la première syllabe de *str'am-bu*), cela est impossible pour la syllabe finale.

Contrainte également sur la syllabe non accentuée : il faudra la distinguer de la syllabe accentuée, dont l'inventaire vocalique est beaucoup plus riche.

Enfin, la syllabe initiale est, en corse, fortement caractérisée par le phénomène de mutation de la consonne initiale.

Nous étudierons ces points en détails par la suite. Il n'en reste pas moins vrai que la notion de syllabe reste fondamentale, et que nous avons intérêt, du moins dans un premier temps, à analyser toute structure complexe comme une succession de syllabes : notre travail essentiel consiste donc dans l'établissement de la structure de la syllabe du corse. Nous y apporterons ensuite les quelques correctifs signalés , concernant les différents types de syllabes.

LA STRUCTURE DE LA SYLLABE EN CORSE.

Reprenons notre syllabe : *str'am* dans *stram'bu*. Il n'existe pas, en corse, de syllabe plus complexe : nous avons ici le maximum de possibilités. Nous partirons donc de cette syllabe — ou de toute autre syllabe de ce type — pour étudier la structure de la syllabe en corse. L'examen de la syllabe *stram-* nous indique qu'il existe, dans la syllabe maximale, cinq positions : quatre positions consonantiques et une position vocalique. Nous pouvons représenter ainsi l'axe syntagmatique (la voyelle, partie obligatoire de la syllabe, recevra conventionnellement le numéro 0) :

axe syntagmatique :	– 3	– 2	– 1	0	+ 1
	s	t	r	a	m

Il faut noter que certaines de ces positions peuvent être "vides". Par exemple, une syllabe comme -stam- dans **stampà** *stamp̄'a* "imprimer" sera analysée comme :

axe syntagmatique :	– 3	– 2	– 1	0	+ 1
	s	t		a	m

Dans une syllabe comme **stà** *st'a* "rester", ce sont les positions – 1 et + 1 qui sont vides. De même, dans une syllabe comme *'a*, ce sont, simultanément, les positions – 3, – 2, – 1, + 1, c'est-à-dire toutes les positions consonantiques, qui sont vides.

Le principe est clair : on établit, par examen des faits, *la chaîne syllabique maximale.* On analysera ensuite toutes les syllabes plus réduites par rapport à cette syllabe maximale. Il faut d'ailleurs noter un certain nombre de contraintes. Ainsi, la position 0 ne peut jamais être vide : la voyelle est la partie obligatoire de la syllabe, le noyau syllabique. D'autre part, les positions – 3 et – 1 ne peuvent être remplies simultanément que si la position – 2 est également remplie : en corse est en effet interdit le groupe *sr.*

Il faut maintenant noter ce qui pourrait apparaître dans chacune des positions repérées, c'est-à-dire ce qui figure sur les axes paradigmatiques passant par chacun des points de l'axe syntagmatique.

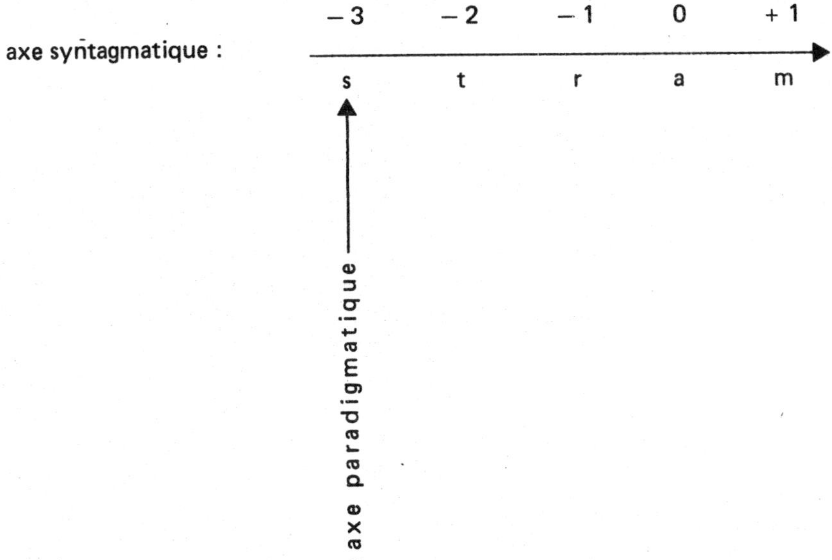

Autrement dit, il nous faut établir quels sont les phonèmes qui peuvent commuter avec, respectivement, /s/, /t/, /r/, /a/ et /m/.

Commençons par la position – 2. A la place de *t*, on pourrait avoir : /p/ : c'est le cas dans **spreme** *spr'ɛ-ma* "presser"; /k/ : c'est le cas dans *skr'i-wa* "écrire".

On pourrait également avoir :

/b/ : dans **sbrigliuli** *zbr'i-ljuli* "bouillie de farine de châtaignes"
/d/ : dans **sdrughie** *zdr'u-dja* "faire fondre"
/g/ : dans **sgranillà** *zgra-nid'a* "égrener"
/f/ : dans **sfrittillà** *sfri-t̄id'a* "faire frire" (notion d'insistance)
/v/ : dans **svintulà** *zvin-t̄ul'a* "venter" (notion d'insistance)

Remarquons que les consonnes *p, t, k, f* sont précédées de *s*, les consonnes *b, d, g, v* sont précédées de *z*. Remarquons également que l'on trouve le groupe consonantique *zv-*, en début de mot, mais que la position – 1 n'est jamais occupée dans les groupes de ce type :**zvr*, **vr* sont interdits dans cette position. Nous ferons par la suite les commentaires qu'appellent ces remarques.

En position – 1, c'est-à-dire à la place de *r*, *(str'am-)*, peuvent apparaître :

j :	dans **schjarisce**	*stjar'iʃa*	"éclaircir"
w :	dans **squadra**	*skw'a-dra*	"équerre"

On pourrait être tenté d'adjoindre une autre consonne à ce paradigme : *l* qui apparaît dans des mots comme :

splusà	*spluz'a*	"exploser"
splende	*spl'ɛnda*	"resplendir"
platanu	*pl'atanu*	"platane"

et quelques autres exemples en petit nombre. En fait, la consonne *l* nous semble devoir être éliminée de cette position, c'est-à-dire ne nous paraît pas pouvoir entrer dans la composition des groupes, en position – 1 : en effet, tous ces mots qui contiennent *l* dans cette position apparaissent comme des emprunts, ou comme des mots de formation récente, fortement influencés par le français notamment. Certaines anecdotes sont significatives à cet égard et montrent la conscience qu'ont certains locuteurs du caractère "étranger" de ces éléments. En voici une recueillie à Veru : on nous a raconté, en effet, qu'un prénom féminin, assez courant au village, était celui de "Flaminia". Or, nous a-t-on dit, les gens du village "déformaient" ce prénom, qui devenait *fram'inja* – déformation par rapport à l'orthographe, s'entend, ou bien par rapport à une forme ressentie comme plus correcte. Il nous semble y avoir là une preuve de ce que nous avançons, à savoir l'absence de *l* comme élément de groupe : les réalisations jugées "fautives" sont souvent éclairantes quant à la compétence linguistique d'une communauté.

En position – 3, c'est-à-dire à la place de *s*, on peut avoir : *z* : dans **sdrughje** *zdr'u-dja* "faire fondre", etc... (cf. la première série d'exemples).

En position + 1, c'est-à-dire en finale de syllabe, on peut avoir, à la place de *m* :

n	dans **strintu**	*str'in-t̄u*	"serré"
ŋ	dans **strangulà**	*straŋ-gul'a*	"étrangler"
l	dans **squeltru**	*zgw'ɛltru*	"agile"
r	dans **chjerchju**	*tj'ɛrtju*	"cercle".

En position 0 (voyelle), à la place de *a*, on peut avoir :

i	dans **strintu**	*str'in-t̄u*	"serré"
e	dans **stella**	*st'e-da*	"étoile"
ɛ	dans **strega**	*str'ɛ-ga*	"sorcière"
ɔ	dans **colpu**	*k'ɔl-p̄u*	"coup"
o	dans **sporta**	*sp'or-t̄a*	"corbeille"
u	dans **stucciu**	*st'u-t̄ʃu*	"étui"

Nous pouvons, pour récapituler, dresser l'inventaire suivant :

axe syntagmatique →

axe paradigmatique ↑

−3	−2	−1	0	+1
s	p	j	i	m
z	t	w	e	n
	k	r	ɛ	ŋ
	b		a	r
	d		ɔ	l
	g		o	
	f		u	
	v			

Il faudrait à présent apporter à ce tableau un certain nombre de correctifs, et signaler certaines contraintes pesant sur les possibilités de combinaison : on ne peut pas combiner tous les éléments de chacun des paradigmes entre eux pour obtenir des syllabes correctes. Par exemple, on ne peut pas combiner *z, p* et *w* : *zpw-* est interdit, etc...

Ces contraintes seront examinées et définies par la suite sous le titre de "neutralisations".

Par ailleurs, parmi les éléments qui figurent dans notre tableau, il en est peut-être qui ne sont pas phonèmes mais variantes : nous devrons donc préciser notre analyse afin d'éliminer les variantes.

Enfin, il existe des phonèmes consonantiques que notre tableau (et l'analyse qui le sous-tend) ne fait pas apparaître, car ils ne s'intègrent pas à la chaîne consonantique −3 −2 −1 que nous avons mise en évidence. C'est, par exemple, le cas de *p̄*, de *n*, de *ʃ*, de *tʃ* etc...; ces phonèmes occupent la place de la chaîne −3 −2 −1 complète, c'est-à-dire qu'ils ne se combinent avec aucun autre phonème consonantique.

LES PHONÈMES.

L'étude de la structure syllabique met donc en évidence quelques-unes des propriétés distributionnelles des phonèmes et fournit quelques éléments pour une classification de ceux-ci. On voit ainsi apparaître une classe de phonèmes susceptibles d'occuper la position −3, une autre classe de phonèmes susceptibles d'occuper la position −2, une troisième classe de phonèmes susceptibles d'occuper aussi bien la position −1 que la position +1 etc... Mais les propriétés combinatoires d'un phonème ne se limitent pas à son insertion dans une syllabe; aussi faudra-t-il compléter l'analyse distributionnelle pour établir la classification complète des phonèmes.

Mais, auparavant, nous allons dresser la liste des phonèmes de chaque parler; pour cela il nous faut considérer dans le mot les contextes dans lesquels le plus grand nombre de distinctions sont possibles. En corse, l'inventaire des consonnes le plus complet se trouve entre deux voyelles à l'intérieur d'un mot et l'inventaire de voyelles le plus complet figure dans une syllabe accentuée qui ne se termine pas par une consonne. C'est donc dans ces situations que nous allons établir l'existence des phonèmes consonantiques et vocaliques.

L'examen de paires minimales est un moyen commode de se faire une idée des inventaires de phonèmes. Nous en donnons donc quelques-unes dans les pages qui suivent. Mais deux remarques préliminaires s'imposent. En premier lieu, lorsque nous avons évoqué la fonction distinctive de certaines unités linguistiques comme les phonèmes, nous avons précisé que le remplacement d'un phonème par un autre phonème dans un mot devait s'effectuer toutes choses égales par ailleurs. C'est le cas par exemple pour l'opposition entre *ʃ* et *ʒ* dans la paire *k̄'aʃi* "caisses"; *k̄'aʒi* "fromages". Exiger que toutes choses soient égales par ailleurs est une précaution a priori; mais, après analyse, cette condition peut être assouplie et devenir toutes choses pertinentes égales par ailleurs. Si par exemple l'analyse démontre qu'une consonne située entre deux voyelles à l'intérieur d'un mot n'est jamais liée en corse d'aucune manière que ce soit à la consonne initiale du mot, on peut sans inconvénient utiliser, pour montrer que l'opposition entre *ʃ* et *ʒ* est possible, une paire minimale comme *k̄'aʃi* "caisses", *b'aʒi* "baisers"; on note alors entre parenthèses l'élément différent non pertinent. Cela donne une plus grande souplesse d'utilisation à la notion de paire minimale. En second lieu, il n'est pas indispensable d'opposer une consonne par un exemple à toutes les autres, ce qui serait extrêmement fastidieux; on peut se contenter d'opposer entre elles des consonnes dont la réalisation phonétique est proche. Ainsi, autant il sera utile d'attester par une paire minimale l'opposition entre *n̄* et *n*, autant il sera dénué d'intérêt de chercher à attester par une paire minimale l'opposition entre *n* et *ʃ*. Nous nous limiterons donc dans nos séries à opposer des sons qui ne se distinguent l'un de l'autre que par un ou deux traits phoniques.

Nous présentons dans les pages qui suivent une analyse détaillée du système phonématique de *Veru,* puis nous envisageons les systèmes phonématiques des autres parlers par comparaison avec celui-ci de manière à éviter le plus possible des répétitions.

UN PARLER DU CENTRE-SUD : VERU.

Le travail réalisé porte essentiellement sur le parler de *Veru;* quelques indications complémentaires ont été empruntées à des villages voisins.

Nous donnons tout d'abord quelques séries de paires minimales.

p̄ :

Son identité phonologique ressort des oppositions suivantes :

p̄ ~ p	**scappatu**	*skap̄'atu*	"échappé"	:	**scapatu**	*skap'atu*	"écervelé"
p̄ ~ b	**cappa**	*(k)'apa*	"cape de la cheminée"	:	**apa**	*'aba*	"abeille"
p̄ ~ t̄	**tappu**	*(t)'ap̄u*	"bouchon"	:	**attu**	*'at̄u*	"acte"
p̄ ~ k̄	**toppa**	*t̄'ɔp̄a*	"pièce de métier à tisser"	:	**tocca**	*t̄'ɔk̄a*	"il touche"
p̄ ~ m̄	**cuppa**	*k̄(ʼ)up̄a*	"coupe"	:	**cummà**	*kum̄(ʼ)a*	"commère"
p̄ ~ f	**tappi**	*t̄'ap̄i*	"bouchons"	:	**staffi**	*(s)t'afi*	"étriers"

p :

Son identité phonologique ressort de ce qui précède, et des oppositions suivantes :

p ~ b	**capre**	*(k̄)'apri*	"chèvres"	:	**labre**	*(l)'abri*	"lèvres"
p ~ t	**capi**	*(k̄)'api*	"têtes"	:	**fate**	*(f)'ati*	"fées"
p ~ k	**capu**	*(k̄)'apu*	"tête"	:	**acu**	*'aku*	"aiguille"
p ~ m	**capu**	*(k̄)'apu*	"tête"	:	**amu**	*'amu*	"hameçon"

t̄ :

Son identité phonologique ressort de ce qui précède, et des oppositions suivantes :

t̄ ~ t	**pretti**	*pr'et̄i*	"durs"	:	**prete**	*pr'eti*	"prêtre"
	fetti	*f'ɛt̄i*	"tranches"	:	**fete**	*f'ɛti*	"vous faites"
t̄ ~ d	**petti**	*p̄'et̄i*	"poitrines"	:	**pelle**	*p̄'edi*	"peaux"
t̄ ~ ð	**petti**	*p̄'et̄i*	"poitrines"	:	**pede**	*p̄'eði*	"pied"
t̄ ~ k̄	**botte**	*b'ɔt̄i*	"tonneau"	:	**bocche**	*b'ɔk̄i*	"bouches"
t̄ ~ ts	**petti**	*p̄'et̄i*	"poitrines"	:	**pezzi**	*p̄'etsi*	"morceaux"

t :

Son identité phonologique ressort de ce qui précède, et des oppositions suivantes :

t ~ d	**sete**	*(s)'ɛti*	"soie"	:	**elli**	*'ɛdi*	"eux"
t ~ ð	**notu**	*n̄'ɔtu*	"je note"	:	**nodu**	*n̄'ɔðu*	"nœud"
t ~ k	**vita**	*(v)'ita*	"vie"	:	**fica**	*(f)'ika*	"figuier"
t ~ ts	**putà**	*p̄ut'a*	"tailler"	:	**puzzà**	*p̄uts'a*	"puer"

k̄ :

Son identité phonologique ressort de ce qui précède, et des oppositions suivantes :

k̄ ~ k	**buccata**	*buk̄'ata*	"bouchée"	:	**bucata**	*buk'ata*	"lessive"
k̄ ~ g	**coccu**	*(k̄)'ɔk̄u*	"chignon"	:	**sogu**	*(s)'ɔgu*	"je sais"
k̄ ~ t̄ʃ	**lecca**	*l̄'ɛk̄a*	"il lèche"	:	**leccia**	*l̄'ɛt̄ʃa*	"chêne"

k :

Son identité phonologique ressort de ce qui précède, et des oppositions suivantes :

k ~ g	**pocu**	*(p̄)'ɔku*	"peu"	:	**sogu**	*s'ɔgu*	"je sais"
k ~ t̄ʃ	**acu**	*'aku*	"aiguille"	:	**facciu**	*(f)'at̄ʃu*	"je fais"
k ~ tʃ	**achi**	*'aki*	"aiguilles"	:	**faci**	*(f)'atʃi*	"tu fais"

b :

Son identité phonologique ressort de ce qui précède, et des oppositions suivantes :

b ~ d	**babbi**	*b'abi*	"pères"	:	**balli**	*b'adi*	"tu danses"
b ~ v	**lobii**	*l'ɔbji*	"jabots"	:	**lovie**	*l'ovji*	"laies"
b ~ w	**babbu**	*b'ab(u)*	"père"	:	**bava**	*b'aw(a)*	"bave"
b ~ m	**babbu**	*(b)'abu*	"père"	:	**amu**	*'amu*	"hameçon"
b ~ ð	**roba**	*r̄'ɔba*	"bien"	:	**rode**	*r̄'ɔða*	"broyer"

d :

Son identité phonologique ressort de ce qui précède, et des oppositions suivantes :

d ~ ð	**pelle**	*p̄'edi*	"peaux"	:	**pede**	*p̄'eði*	"pieds"
	spalla	*sp'ada*	"épaule"	:	**spada**	*sp'aða*	"épée"
d ~ g	**ballà**	*(b)ad'a*	"danser"	:	**pagà**	*(p̄)ag'a*	"payer"
d ~ l	**cullà**	*k̄ud'a*	"monter"	:	**culà**	*k̄ul'a*	"filtrer"
d ~ r	**selle**	*s'edi*	"selles"	:	**seri**	*s'eri*	"soirs"
d ~ z	**pelle**	*p̄'(e)di*	"peaux"	:	**pese**	*p̄(ɛ)zi*	"poids"
d ~ dz	**pelle**	*(p̄)'edi*	"peaux"	:	**mezi**	*(m̄)'edzi*	"milieux"

ð :

Son identité phonologique ressort de ce qui précède, et des oppositions suivantes :

ð ~ l	**code**	*k̄'ɔði*	"queues"	:	**coli**	*k̄'ɔli*	"passoires"
ð ~ r	**pede**	*p̄('e)ði*	"pieds"	:	**peri**	*p̄('ɛ)ri*	"poires"
ð ~ z	**coda**	*k̄'ɔða*	"queue"	:	**cosa**	*k̄'ɔza*	"chose"

g :

Son identité phonologique ressort de ce qui précède, et de l'opposition suivante :

g ~ dʒ	**paghi**	*p̄'agi*	"tu paies"	:	**pagina**	*p̄'adʒi(na)*	"page"

f :

Son identité phonologique ressort de ce qui précède, et des oppositions suivantes :

f ~ v	**goffi**	*(g)'ɔfi*	"laids"	:	**stofe**	*(st)'ɔvi*	"étoffes"
f ~ s	**buffu**	*b'ufu*	"bouffonnerie"	:	**bussu**	*b'usu*	"buis"

v :

Son identité phonologique ressort de ce qui précède, et des oppositions suivantes :

v ~ w	**tafuna**	*(t̄)avun'a*	"trouer"	:	**savuna**	*(s)awun'a*	"savonner"
v ~ z	**stofa**	*(st)'ɔva*	"étoffe"	:	**posa**	*(p̄)'ɔza*	"il s'assied"

s :

Son identité phonologique ressort de ce qui précède, et des oppositions suivantes :

s ~ z	**messi**	*m̄'ɛsi*	"mis"	:	**mese**	*m̄'ɛzi*	"mois"
s ~ ʃ	**passa**	*p̄'asa*	"raisin sec"	:	**pasce**	*p̄'aʃa*	"paître"
s ~ ts	**messu**	*m̄'ɛsu*	"mis"	:	**mezzu**	*m̄'ɛtsu*	"carié"
s ~ tʃ	**passi**	*p̄'asi*	"tu passes"	:	**pace**	*p̄'atʃi*	"paix"

z :

Son identité phonologique ressort de ce qui précède et des oppositions suivantes :

z ~ ʒ	**basa**	*b'aza*	"base"	:	**basgia**	*b'aʒa*	"il embrasse"
z ~ dz	**mesi**	*m̄'(ɛ)zi*	"mois"	:	**mezi**	*m̄('e)dzi*	"milieux"
z ~ ts	**pusà**	*p̄uz'a*	"s'asseoir"	:	**puzzà**	*p̄uts'a*	"puer"

ʃ :

Son identité phonologique ressort de ce qui précède, et des oppositions suivantes :

ʃ ~ ʒ	**casce**	*k̄'aʃi*	"caisses"	:	**casgi**	*k̄'aʒi*	"fromages"
ʃ ~ tʃ	**casce**	*(k̄)'aʃi*	"caisses"	:	**faci**	*(f)'atʃi*	"tu fais"
ʃ ~ t̄ʃ	**catusciu**	*k̄at'uʃu*	"bois brûlé"	:	**catucciu**	*k̄at'ut̄ʃu*	"pot de chambre"
ʃ ~ z	**piscià**	*p̄iʃ'a*	"pisser"	:	**pisà**	*p̄iz'a*	"lever"

ʒ :

Son identité phonologique ressort de ce qui précède, et des oppositions suivantes :

ʒ ~ dʒ	**basgi**	*(b)'aʒi*	"baisers"	:	**pagina**	*(p̄)'adʒi(n)a*	"page"
ʒ ~ s	**basgiu**	*b'aʒu*	"baiser"	:	**bassu**	*b'asu*	"bas"

ts :

Son identité phonologique ressort de ce qui prècède et des oppositions suivantes :

ts ~ dz	**mezzu**	*m̄'(ɛ)tsu*	"carié"	:	**mezu**	*m̄('e)dzu*	"milieu"
ts ~ t̄ʃ	**mozzi**	*m̄'ɔtsi*	"amputés"	:	**mocci**	*m̄'ɔt̄ʃi*	"morves"

dz :

Son identité phonologique ressort de ce qui précède et de l'opposition suivante :

dz ~ dʒ	**mezi**	*(m̄)'edzi*	"milieux"	:	**lege**	*(l̄)'edʒi*	"lois"

t̄ʃ :

Son identité phonologique ressort de ce qui précède et des oppositions suivantes :

t̄ʃ ~ tʃ	**facce**	*f'at̄ʃi*	"visages"	:	**faci**	*f'atʃi*	"tu fais"
t̄ʃ ~ dʒ	**lecce**	*l '(ɛ)t̄ʃi*	"chênes verts"	:	**lege**	*l'(e)dʒi*	"lois"

tʃ :

Son identité phonologique ressort de ce qui précède et de l'opposition suivante :

tʃ ~ dʒ	**faci**	*(f)'atʃi*	"tu fais"	:	**pagina**	*(p̄)'adʒi(na)*	"page"

dʒ :

Son identité phonologique a été établie par les oppositions ci-dessus.

m̄ :

Son identité phonologique ressort de ce qui précède et des oppositions suivantes :

m̄ ~ m	**mamme**	*(m̄)'am̄i*	"mères"	:	**ami**	*'ami*	"hameçons"
m̄ ~ n̄	**mamme**	*(m̄)'am̄i*	"mères"	:	**nanni**	*(n̄)'an̄i*	"nains"

m :

Son identité phonologique ressort de ce qui précède, et de l'opposition suivante :

m ~ n	**ami**	*'ami*	"hameçons"	:	**ani**	*'ani*	"ils ont"

n̄ :

Son identité phonologique ressort de ce qui précède et de l'opposition suivante :

n̄ ~ n	**sonnu**	*s'ɔn̄u*	"sommeil"	:	**sonu**	*s'ɔnu*	"son"
	anni	*'an̄i*	"ans"	:	**ani**	*'ani*	"ils ont"

n :

Son identité phonologique ressort de ce qui précède et des oppositions suivantes :

n ~ d	**bene**	*b'ɛni*	"bien"	:	**belli**	*b'ɛdi*	"beaux"
n ~ ð	**pene**	*p̄('ɛ)ni*	"chagrins"	:	**pede**	*p̄'(e)ði*	"pieds"
n ~ l	**finu**	*f'inu*	"fin"	:	**filu**	*f'ilu*	"fil"

r̄ :

Son identité phonologique ressort de ce qui précède et de l'opposition suivante :

r̄ ~ r	**torre**	*t̄'ɔr̄i*	"tours"	:	**tori**	*t̄'ɔri*	"taureaux"

r :

Son identité phonologique ressort de ce qui précède et de l'opposition suivante :

r ~ l	**peri**	*p̄'ɛri*	"poires"	:	**peli**	*p̄'ɛli*	"poils"

l :

Son identité phonologique ressort de ce qui précède.

j :

Son identité phonologique ressort de l'opposition suivante :

j ~ w **troia** *tr('ɔ)ja* "truie" : **trova** *tr('o)wa* "il trouve"

w :

Son identité phonologique ressort des oppositions établies ci-dessus.

Au terme de cet examen des paires minimales, il apparaît que le corse de *Veru* compte 30 phonèmes consonantiques.

■ Le phonème /i/ :

Son identité phonologique ressort des oppositions suivantes :

/i/~/e/	**fili**	*f'ili*	"fils"	:	**fele**	*f'eli*	"fiel"
/i/~/ɛ/	**pini**	*p̄'ini*	"pins"	:	**pene**	*p̄'ɛni*	"maux"
/i/~/a/	**pila**	*p̄'ila*	"meule"	:	**pala**	*p̄'ala*	"pelle"
/i/~/ɔ/	**nidu**	*n̄'iðu*	"nid"	:	**nodu**	*n̄'ɔðu*	"nœud"
/i/~/o/	**ficu**	*f'iku*	"figue"	:	**focu**	*f'oku*	"feu"
/i/~/u/	**ghjira**	*dj'ira*	"il tourne"	:	**ghjura**	*dj'ura*	"il jure"

■ Le phonème /e/ :

Son identité phonologique ressort de ce qui précède et des oppositions suivantes :

/e/~/ɛ/	**mele**	*m̄'eli*	"miel"	:	**mele**	*m̄'ɛli*	"pommes"
/e/~/a/	**prete**	*pr'eti*	"prêtre"	:	**prati**	*pr'ati*	"prés"
/e/~/ɔ/	**pezzu**	*p̄'etsu*	"morceau"	:	**pozzu**	*p̄'ɔtsu*	"puits"
/e/~/o/	**rete**	*r̄'eti*	"filet"	:	**rote**	*r̄'oti*	"roues"
/e/~/u/	**pezzu**	*p̄'etsu*	"morceau"	:	**puzzu**	*p̄'utsu*	"je pue"

■ Le phonème /ɛ/ :

Son identité phonologique ressort de ce qui précède et des oppositions suivantes :

/ɛ/~/a/	**bella**	*b'ɛda*	"belle"	:	**balla**	*b'ada*	"il danse"
/ɛ/~/ɔ/	**mezzu**	*m̄'ɛtsu*	"carié"	:	**mozzu**	*m̄'ɔtsu*	"amputé"
/ɛ/~/o/	**tela**	*t̄'ɛla*	"toile"	:	**tola**	*t̄'ola*	"table"
/ɛ/~/u/	**mela**	*m̄'ɛla*	"pomme"	:	**mula**	*m̄'ula*	"mule"

■ Le phonème /a/ :

Son identité phonologique ressort de ce qui précède et des oppositions suivantes :

/a/~/ɔ/	**sanne**	*s'an̄i*	"incisives"	:	**sonni**	*s'ɔn̄i*	"sommeils"
/a/~/o/	**danni**	*d'an̄i*	"malheurs"	:	**donne**	*d'on̄i*	"femmes"
/a/~/u/	**malu**	*m̄'alu*	"mauvais"	:	**mulu**	*m̄'ulu*	"mulet"

▪ Le phonème /ɔ/ :

Son identité phonologique ressort de ce qui précède et des oppositions suivantes :

				:			
/ɔ/~/o/	**cortu**	*(k̄)'ɔrt̄u*	"court"	:	**ortu**	*'ort̄u*	"jardin"
/ɔ/~/u/	**rossu**	*(r)'ɔsu*	"rouge"	:	**bussu**	*(b)'usu*	"buis"

▪ Le phonème /o/ :

Son identité phonologique ressort de ce qui précède et de l'opposition suivante :

				:			
/o/~/u/	**fossi**	*f'osi*	"fossés"	:	**fussi**	*f'usi*	"qu'il fût"

▪ Le phonème /u/ :

Son identité phonologique ressort des oppositions établies ci-dessus.

Nous pouvons à présent dresser la liste des phonèmes vocaliques du corse de *Veru* :

$$\{ /i/ \sim /e/ \sim /\epsilon/ \sim /a/ \sim /ɔ/ \sim /o/ \sim /u/ \}$$

soit 7 phonèmes vocaliques.

Le parler de *Veru* utilise donc, au total, 37 phonèmes : 30 phonèmes consonantiques et 7 phonèmes vocaliques.

Ainsi se trouve établie la liste complète des phonèmes que comporte le corse de *Veru.* Il nous reste à indiquer de quels traits distinctifs sont constitués ces phonèmes, comment ils se répartissent en classes et quelle est la distribution caractéristique de chaque classe. Nous mentionnerons ces renseignements sous forme de tableaux.

Commençons par le cas le plus simple, celui des voyelles.

Tableau 1 : LES PHONÈMES VOCALIQUES

		Antérieur	Postérieur
	Fermé	i	u
Classe des	Mi-fermé	e	o
Voyelles	Mi-ouvert	ɛ	ɔ
	Ouvert	a	

On y remarque que, contrairement aux autres phonèmes vocaliques qui sont définis par deux traits distinctifs (/i/ par exemple est *antérieur* et *fermé*), le phonème /a/ est défini par le seul trait *ouvert* parce qu'il est le seul phonème *ouvert* du système. Cela a pour conséquence que la marge de variation de la réalisation phonétique du phonème /a/ est plus grande que celle des autres phonèmes; /a/ peut être réalisée plus ou moins antérieur ou plus ou moins postérieur sans pour autant perdre son identité.

Considérons ensuite les consonnes. Étant donné l'existence de multiples sous-classes de consonnes, nous utiliserons un double trait pour séparer celles-ci dans le tableau général.

Tableau 2 : LES PHONÈMES CONSONANTIQUES

		Labial	Dental	Palatovélaire	
Classe des OCCLUSIVES ORALES	sourd	p̄	t̄	k̄	fort
	sourd	p	t	k	faible
	sonore	b	d	g	
Classe des NASALES		m̄	n̄		fort
		m	n		faible
Classe des AFFRIQUÉES				t̄ʃ	fort
	sourd		ts	tʃ	faible
	sonore		dz	dʒ	
Classes des FRICATIVES		f	s	ʃ	fort
		v	z	ʒ	faible
Classe des LIQUIDES			l̄	r̄	fort
			l	r	faible
Classe des SEMI-CONSONNES		w		j	

Ce tableau appelle un certain nombre de commentaires :

– En premier lieu, chacune des classes qui y figure est caractérisée par une distribution propre. Ainsi la classe des occlusives orales est l'ensemble des phonèmes susceptibles d'occuper la position que nous avons appelée – 2 dans la syllabe; la classe des nasales est l'ensemble des phonèmes susceptibles d'apparaître soit seuls au début d'une syllabe soit à la fin d'une syllabe, dans une position appelée + 1; la classe des liquides est l'ensemble des phonèmes susceptibles d'occuper la position – 1 et la position + 1 dans une syllabe; la classe des semi-consonnes est l'ensemble des éléments pouvant occuper uniquement la position – 1 de la syllabe; la classe des affriquées se caractérise par le fait que ses éléments ne peuvent figurer que dans la position prévocalique de la syllabe et qu'ils ne peuvent se combiner avec aucune autre consonne. Seule la classe des fricatives se caractérise moins nettement que les autres et se montre moins homogène.

– En second lieu, le tableau des phonèmes doit être complété par la ou les réalisation(s) phonétique(s) de ceux-ci. Ainsi, il faudrait préciser que le phonème /p̄/ se réalise phonétiquement comme le son *p̄* etc... Convenons pour simplifier, lorsque le symbole qui désigne le phonème indique clairement par lui-même quelle est sa réalisation phonétique – comme c'est le cas pour /p̄/ – de ne rien dire, et mentionnons ici les autres cas :

• Le phonème /b/ se réalise phonétiquement comme le son *β* au début d'un mot qui est précédé par une voyelle atone, chez certains locuteurs; ainsi dans **u bussu** *u β'usu* "le buis"; partout ailleurs il se réalise comme *b*.

• Le phonème /g/ se réalise de plusieurs manières différentes selon le contexte dans lequel il apparaît : il est tantôt *g*, tantôt *w*, tantôt même il disparaît complètement. Des exemples seront donnés dans le paragraphe consacré à la mutation consonantique.

• Le phonème /d/ se réalise selon deux variantes en fonction du contexte; il se réalise comme *ð* à l'intervocalique : **spada** *sp'aða* "épée" et au début d'un mot précédé par une voyelle atone : **a donna** *a ð'oña* "la femme" et comme *d* ailleurs : **trè donne** *tr'ɛ d'oñi* "trois femmes", **tondu** *t̄'ɔndu* "rond".

• Le phonème /l̄/ se réalise comme le son *d* à l'intervocalique : ainsi **spalla** *sp'ada* "épaule" et comme *l̄* à l'initiale : **legnu** *l̄'ɛnju* "bois".

Une question se pose néanmoins à propos des deux derniers phonèmes : pourquoi avons-nous supposé que le son *ð* réalise un phonème /d/ et que le son *d* réalise un phonème /l̄/, ce qui est – a priori – paradoxal ? Il se trouve que plusieurs indices convergents conduisent, nous semble-t-il, à cette interprétation. D'abord l'étroite parenté phonétique (articulatoire) des sons *l* et *d* en corse permet de penser que le renforcement d'un *l* peut fort bien aboutir à un *d*. Cela est d'autant plus vraisemblable que dans certaines régions du Nord-Est de la Corse, le *l* dans certains entourages vocaliques tend vers le son *d*. Ensuite l'intuition des locuteurs intervient : des gens de *Veru* qui ne connaissent ni l'étymologie ni l'orthographe corses affirment sans hésiter qu'ils disent "d" là où nous entendons *đ* et "deux !" là où nous entendons *d*. Or nous avons insisté à plusieurs reprises sur la réalité psychologique du système phonologique d'une langue : c'est des phonèmes que nous avons l'intuition, pas des sons. Enfin, le rapport fort-faible que nous supposons entre *d* et *l* apparaît clairement dans certains cas. Comparons **lasciami** *l̄'aʃami* "laisse-moi" et **voli lasciàmmi** *v'oli laʃ'am̄i* "tu veux me laisser". Après le *-a* atone de l'impératif figure la consonne faible *m*; après le *-a* tonique de l'infinitif apparaît la consonne forte correspondante *m̄*. De la même manière, on trouve : **lascialu** *l̄'aʃalu* "laisse-le" et **voli lasciallu** *v'oli laʃ'adu* "tu veux le laisser". Il est clair que *d* et *l* sont dans le même rapport fort-faible que *m̄* et *m*.

Tout cela, ajouté au fait que cette interprétation rend le système consonantique plus cohérent et plus simple, nous a conduit à supposer que /d/ pouvait se réaliser comme *đ* et /l̄/ comme *d*.

Un dernier problème concernant les phonèmes consonantiques est posé par les affriquées *dʒ* et *dz*. Le son *dʒ* n'apparaît que très rarement en corse de *Veru* tant à l'initiale du mot où l'on n'a guère que quelques formes comme **giallu** *dʒ'adu* "jaune", **gioia** *dʒ'ɔja* "joie", **giru** *dʒ'iru* "tour" qu'en position intervocalique : **pagina** *p'adʒina* "page", **legi** *l'edʒi* "loi". De plus, il existe des variations dans la réalisation de mots apparentés; on dit *dʒ'iru* "tour" mais **girà** *djir'a* "tourner". *dʒ* et *dj* sont d'ailleurs parfois en variation libre après une syllabe fermée; on dit aussi bien *ardʒ'ɛnt̄u* que *ardj'ɛnt̄u* pour désigner l'argent. Et dans certains villages de la région existe une tendance à remplacer un *dʒ* initial par *tʃ* et à créer ainsi un rapport *tʃ : dʒ* fort : faible comparable à celui qui s'observe dans la classe des consonnes fricatives. On dira par exemple **hè giallu** *'ɛ t̄ʃ'adu* "il est jaune". Par ailleurs, l'étude diachronique montre que ce son *dʒ* n'est l'aboutissement "normal" d'aucune consonne latine. Tout cela semble signifier que dans le corse de *Veru* le phonème /dʒ/ n'est pas un phonème comme les autres, qu'il n'est pas intégré dans le système consonantique mais qu'il est peut-être en voie d'intégration.

Sans doute faudrait-il faire des réserves du même ordre en ce qui concerne le phonème /dz/. Celui-ci aussi, dans certaines régions, tend à être éliminé en position initiale forte et à y être remplacé par *ts*, sur le modèle de fonctionnement des fricatives.

LES NEUTRALISATIONS.

On établit le nombre des phonèmes d'une langue donnée en considérant les contextes qui offrent un maximum de possibilités. C'est ainsi qu'en corse l'inventaire des phonèmes vocaliques a été effectué en syllabe tonique et que celui des phonèmes consonantiques l'a été en position initiale d'une syllabe interne du mot. Mais la description du fonctionnement du système phonologique corse exige aussi que l'on mentionne les cas où le nombre de possibilités se trouve restreint. Ce sont ces phénomènes de neutralisation que nous évoquons ici.

Considérons d'abord les voyelles. Il existe dans la syllabe accentuée sept phonèmes vocaliques : {/i/ ~/e/~/ɛ/~/a/~/ɔ/~/o/~/u/}. En syllabe atone, l'inventaire des voyelles se réduit à trois éléments *i*, *u* et *a*.

Cette réduction des possibilités est à l'origine des alternances vocaliques.

vene	*v'ɛna*	"venir"	mais	**vinïa**	*vin'ija*	"il venait"
freba	*fr'eba*	"fièvre"	mais	**infribatura**	*infribat'ura*	"accès de fièvre"
rossu	*r̄'ɔsu*	"rouge"	mais	**russettu**	*r̄us'ɛt̄u*	"rougeole"
figliolu	*filj'olu*	"fils"	mais	**figliulellu**	*filjul'edu*	"fils chéri"

Le système vocalique de *Veru* se présente donc ainsi :

Position tonique		Position atone	
i	u	i	u
e	o	a	
ɛ	ɔ		
a			

Il faut mentionner également que dans une syllabe tonique mais fermée par une consonne nasale l'inventaire des voyelles se réduit à cinq : *i, ɛ, a, ɔ, u*. On trouve par exemple :

vinti	*v'int̄i*	"vingt"
ventu	*v'ɛnt̄u*	"vent"
tantu	*t̄'ant̄u*	"tant"
tontu	*t̄'ɔnt̄u*	"fou"
puntu	*p̄'unt̄u*	"point"

mais les séquences *-'en* et *'on- sont impossibles. De même, en syllabe tonique fermée par *r* ou *l*, l'inventaire des voyelles semble n'être pas complet.

Certaines neutralisations interviennent également dans le domaine des consonnes.

Il existe au début d'une syllabe une opposition entre /m/ et /n/. En finale de syllabe, cette opposition est neutralisée. Certes, on trouve, dans cette position, plusieurs consonnes nasales différentes.

m dans **campu**	*k̄'amp̄u*	"champ"	ou dans	**tombu**	*t̄'ɔmbu*	"je tue"
n dans **tontu**	*t̄'ɔnt̄u*	"fou"	ou dans	**vende**	*v'ɛnda*	"vendre"
ŋ dans **cioncu**	*t̄ʃ'ɔŋk̄u*	"sourd"	ou dans	**sangue**	*s'aŋgɥi*	"sang"

Mais l'apparition de ces consonnes est conditionnée par le contexte : la nasale labiale *m* n'apparaît que devant les labiales *p̄* et *b*; la nasale *n* n'apparaît que devant les dentales *t̄, de, ts* etc... la nasale vélaire *ŋ* n'apparaît que devant les vélaires *k̄* et *g*. Il y a une *assimilation* du point d'articulation de la consonne nasale. Cette assimilation s'exerce de la consonne initiale vers la consonne qui précède; c'est une assimilation *régressive.*

La langue corse offre un autre cas d'assimilation régressive : il existe devant une voyelle une opposition entre /s/ et /z/. Or à l'intérieur d'un groupe consonantique, cette opposition se trouve neutralisée : la sourde *s* n'apparaît que devant consonne sourde *p, t, k, f,* la sonore *z* n'apparaît que devant consonne sonore *b, d, g, v*. Jamais, dans ces groupes, il n'y a de choix possible entre *s* et *z*.

Il faut signaler enfin la distribution incomplète des phonèmes *j* et *w*; l'opposition entre ces deux éléments est attestée entre deux voyelles. On a par exemple :

maghjale *(m̄)aj'ali* "cochon" : **avale** *aw'ali* "maintenant"

En revanche, après consonne, la langue n'offre jamais le choix entre *j* et *w*; on ne trouve *w* qu'après *k* **acqua** *'ak̄wa* "eau" et *g* **guadagnà** *gwadanj'a* "gagner", *j* n'apparaît qu'après *p* **cappiu** *k'ap̄ju* "nœud coulant", *b* **rabia** *r̄'abja* "rage", *f* **soffiu** *s'ɔfju* "souffle", *v* **cufia** *k'uvja* "bonnet de bébé", *t* **ochju** *'otju* "œil" et *d* **oghje** *'odji* "aujourd'hui". Et encore n'est-il pas sûr que le statut phonématique de *j* soit le même après *t* et *d* qu'après les quatre autres consonnes. Ce problème devra certainement être approfondi.

LA MUTATION CONSONANTIQUE. (5)

Le phénomène dont il est question ici est également un phénomène de neutralisation, c'est-à-dire d'une diminution, dans certains contextes, du nombre des possibilités qui existent ailleurs. Nous en traiterons cependant indépendamment des autres phénomènes de neutralisation, étant donné son ampleur et son caractère tout à fait spécifique. Il s'agit de la mutation consonantique (on dit parfois affaiblissement, ou renforcement (6). Nous préférons le terme neutre de mutation, car le point de départ choisi est tout à fait

---

(5) Il conviendrait, si l'on voulait être rigoureux, de traiter du phénomène dont il est question ici de deux points de vue distincts : le point de vue phonologique et le point de vue morphologique. Ce phénomène relève en effet des deux articulations de la langue. D'un point de vue phonologique, c'est-à-dire au niveau des unités non significatives, il existe des contraintes pesant sur le choix des consonnes. C'est de cet aspect que nous traiterons dans le présent paragraphe. Mais il se trouve que les contraintes phonologiques — et c'est d'ailleurs ce qui se produit très souvent — sont utilisées par la morphologie dans la mesure où une même unité significative peut prendre diverses formes (en l'occurrence, commencer par une consonne forte ou par une consonne faible) : à ce sujet, cf. chapitre IV, morphologie. Il s'agit donc d'un phénomène unique qui peut être appréhendé de deux points de vue différents.

(6) MARCHETTI et D. A. GERONIMI *(Intricciate e cambiarine)* donnent à ce phéno-

arbitraire). La mutation consonantique caractérise l'ensemble de la langue corse, et se réalise, selon les régions, de diverses manières. Nous tenterons ici de rendre compte de la manière dont elle se manifeste à *Veru.*

Ce phénomène de mutation affecte l'initiale consonantique du mot. Pour le cerner, rappelons les résultats de notre analyse : nous avons examiné la position "initiale de syllabe intérieure", c'est-à-dire les consonnes qui apparaissent à l'intérieur du mot, entre deux voyelles. Cela nous a conduits à poser l'existence de 30 phonèmes consonantiques. Appelons, par convention C (Consonnes) l'inventaire que constituent ces trente phonèmes. Rappelons que C contient :

C = { /p̄/, /t̄/, /k̄/, /p/, /t/, /k/, /b/, /d/, /g/, /f/, /v/, /s/, /z/, /ʃ/, /ʒ/, /ts/, /dz/, /t̄ʃ/, /tʃ/, /dʒ/, /m̄/, /n̄/, /m/, /n/, /r̄/, /l̄/, /r/, /l/, /j/, /w/ }.

où, rappelons-le, /d/ se réalise comme *đ* et /l̄/ comme *d.*

A l'initiale du mot, les possibilités dans le choix des consonnes se trouvent considérablement réduites et ce de deux manières différentes.

Tout d'abord :

– au début de l'unité intonationnelle (de la phrase) ou, à l'intérieur de cette dernière, après une pause (un silence, un arrêt un peu prolongé de la voix),
– au début d'un mot, lorsque la dernière syllabe du mot qui précède est accentuée,
– au début d'un mot, lorsque le mot qui précède est terminé par une consonne (article, préposition...)

on trouve l'inventaire suivant que nous appellerons, par convention, C_F (Consonnes fortes) :

C_F = { /p̄/, /t̄/, /k̄/, /b/, /d/, /g/, /f/, /v/, /s/, /ʃ/, /ts/, /dz/, /t̄ʃ/, /dʒ/, /m/, /n/, /l̄/, /r̄/ } (où le phonème /d/ se réalise comme *d*)

On dira, par exemple :

pane, ne voli ? *p̄'ani n̄i w'oli* "veux-tu du pain ?"

p̄, initiale d'unité accentuelle, et *n̄*, venant après une pause, sont des consonnes fortes : elles appartiennent à C_F. Dans ces deux positions on n'aurait pas pu trouver d'autres consonnes que celles mentionnées en C_F. Par exemple, les consonnes *p* ou *n* sont exclues de ces positions. On dira de même :

trè pani *tr'ɛ p̄'ani* "trois pains" **hè natu** *'ɛ n̄'atu* "il est né"

ou bien

par Petru *p̄ar p̄'etru* "pour Pierre" **un nannu** *un n̄'an̄u* "un nain"

p̄ et *n̄*, qui sont précédés ici soit d'une voyelle finale accentuée, soit d'une consonne finale, sont des consonnes fortes : dans cette position, on n'aurait pu trouver ni *p* ni *n*.

---

mène le nom de *"recula di u manganïolu"* : règle de la balançoire. Le phénomène semble d'ailleurs envisagé ici plutôt d'un point de vue morphologique.

D'autre part, au début d'un mot, lorsque la voyelle qui termine le mot précédent n'est pas accentuée, on trouve également un inventaire réduit par rapport à C : nous l'appellerons, toujours par convention, C_f = (consonnes faibles).

C_f contient les consonnes suivantes :

C_f = { /p/, /t/, /k/, /b/, /d/, /g/, /v/, /z/, /ʒ/, /ts/, /dz/, /tʃ/, /dʒ/, /m/, /n/, /r/, /l/, /j/, /w/ }.

(où le phonème /d/ se réalise comme ð).

On dira par exemple :
u pane *u p'ani* "le pain" : l'article *u* n'étant pas accentué, la consonne *p̄*, qui appartient à C_F, serait impossible ici. **Dui nanni** *d'ui n'an̄i* "deux nains" : le *i* final de *d'ui* n'étant pas accentué, *n̄*, consonne appartenant à C_F, serait impossible dans ce contexte.

Au début du mot, on n'a donc pas le choix (comme c'est le cas à l'intérieur du mot) entre les consonnes fortes et les consonnes faibles. Selon la nature de l'élément qui précède la consonne initiale, celle-ci sera obligatoirement forte ou obligatoirement faible.

Il importe de préciser comment s'opèrent les réductions dans le passage de C à C_F d'une part, à C_f d'autre part, autrement dit, de noter quels sont les choix qui disparaissent à l'initiale du mot par rapport à la position intervocalique. Nous dirons, en généralisant par avance, que c'est l'opposition entre consonne forte et consonne faible qui disparaît au début du mot.

Rappelons, en effet, qu'entre deux voyelles, on peut opposer, par exemple, un /t̄/ à un /t/. C'est ainsi que l'on a :

pretti *pr'et̄i* "durs" et **prete** *pr'eti* "prêtres"

etc...

Cette opposition n'existe plus au début du mot. Selon ce qui précède on aura *t* ou *t̄*.

t apparaîtra quand le mot qui précède se termine par une voyelle non accentuée,

t̄ apparaîtra dans tous les autres cas.

t̄, dans ces conditions, n'a plus par rapport à *t* de fonction distinctive. L'opposition /t̄/ ~ /t/ (et, plus généralement, l'opposition entre une consonne tendue et son correspondant non-tendu) est neutralisée à l'initiale du mot. En position C_F, c'est le terme fort qui se réalise, et, en position C_f, c'est le terme faible.

Représentons ci-dessous, dans des tableaux, ces phénomènes de neutralisation.

C_F	C	C_f
p̄	p̄ p	p
t̄	t̄ t	t
k̄	k̄ k	k
t̄ʃ	t̄ʃ tʃ	tʃ
m̄	m̄ m	m
n̄	n̄ n	n
r̄	r̄ r	r
l̄	l̄ *d* l	l

Les fricatives réalisent le rapport fort-faible sous la forme sourd-sonore. C'est ainsi que l'on a :

C_F	C	C_f
f	f v	v
s	s z	z
ʃ	ʃ ʒ	ʒ

Il faut signaler que le fonctionnement du couple ʃ : ʒ n'est pas constant; notre tableau décrit la mutation que l'on observe pour :

sgiò *un ʃ'ɔ* "un seigneur" ; *u ʒ'ɔ* "le seigneur"
sgiotta *tr'ɛ ʃ'ɔt̄i* "trois chèvres" ; *a ʒ'ɔt̄a* "la chèvre".

Mais, dans un certain nombre d'autres cas, la mutation ne s'effectue pas. On a ainsi : **a sciuma** *a ʃ'uma* "l'écume", **u sciancu** *u ʃ'aŋk̄u* "le boiteux", **u sceltu** *u ʃ'elt̄u* "le choix" etc...

A côté des classes de consonnes qui connaissent la neutralisation de l'opposition fort~faible en C_F et en C_f, existent des classes de consonnes pour lesquelles le fait de figurer en position initiale n'entraîne qu'une éventuelle variation phonétique. Ce sont :

C_F	C	C_f
b	b	b *b* ou *β*
d	d *ð*	d *ð*
g	g	g
ts	ts´	ts

j	*dj*	j	j
w	*v*	w	w

Il faut ajouter que /g/ en position C_f peut faire l'objet de plusieurs réalisations différentes suivant le contexte :

gola	*g'ɔla*	"gorge"	:	*a w'ɔla*	"la gorge"
gustu	*g'ustu*	"goût"	:	*u w'ustu*	"le goût"

devant *w* ou devant *r*, il s'efface :

guantu	*gw'ant̄u*	"gant"	:	*u w'ant̄u*	"le gant"
guerra	*gw'ɛr̄a*	"guerre"	:	*a w'ɛr̄a*	"la guerre"
granu	*gr'anu*	"blé"	:	*u r'anu*	"le blé"
grisgiu	*gr'iẓu*	"gris"	:	*u r'iẓu*	"le gris"

devant les voyelles autres que celles citées ci-dessus, il se réalise comme *g*, éventuellement comme γ. Mais cette dernière situation n'est illustrée que par un tout petit nombre d'exemples, étant donné l'évolution que le corse a connue (cf., chap. V).

Deux derniers points restent à préciser; notre analyse implique que *v* et *dj* en position C_F sont les réalisations phonétiques des phonèmes /w/ et /j/. Nous voudrions expliquer pourquoi. Dans un cas comme dans l'autre, un indice nous est fourni par des "alternances" du type :

i varmi	*i w'arm̄i*	"les vers"	:	**trè varmi**	*tr'ɛ v'arm̄i*	"trois vers"
a vacca	*a w'ak̄a*	"la vache"	:	**trè vacche**	*tr'ɛ v'ak̄i*	"trois vaches"
u vinu	*u ɥ'inu*	"le vin"	:	**hè vinu**	*'ɛ v'inu*	"c'est du vin"

Tous les mots qui présentent un *v* à l'initiale, en position C_F, ont un *w* en position C_f. De même :

u ghjornu	*u j'ɔrn̄u*	"le jour"	:	**trè ghjorni**	*tr'ɛ dj'ɔrn̄i*	"trois jours"
u ghjacaru	*u j'akaru*	"le chien"	:	**trè ghjacari**	*tr'ɛ dj'akari*	"3 chiens"
era ghjuntu	*'era j'unt̄u*	"il était arrivé"	:	**hè ghjuntu**	*'ɛ dj'unt̄u*	"il est arrivé"

Tous les mots qui présentent un *dj* à l'initiale, en position C_F, ont un *j* en position C_f. Mais ce n'est pas tout; dans le cas du phonème /w/ existe un indice beaucoup plus déterminant : si le son *v* qui apparaît en position C_f était la réalisation du phonème /v/ correspondant sonore de /f/, il pourrait y avoir en C_f des groupes consonantiques *vr* et *vj* puisque ces groupes sont possibles ailleurs, aussi bien en C qu'en C_f :

muvra	*m̄'uvra*	"mouflon"	:	**lovia**	*l̄'ovja*	"laie"
a fravula	*a vr'awula*	"la fraise"	:	**u fiore**	*u vj'ɔri*	"la fleur"

Or, ces groupes sont totalement interdits dans cette position; on ne peut dire ni *tr'ɛ vr...* ni *tr'ɛ vj...*. Notre analyse en revanche permet de comprendre pourquoi ces groupes n'existent pas en C_F : s'il est vrai en effet que le son *v* réalise en C_F le phonème /w/, alors les groupes *vr* ou *vj* ne risquent pas d'apparaître dans cette position puisqu'ils seraient la réalisation phonétique de groupes /wr/ ou /wj/ qui n'existent jamais en corse.

Nous voudrions faire remarquer, avant de clore ce développement sur le système phonématique de *Veru,* que ce phénomène de neutralisation que constitue la mutation consonantique souligne la cohérence interne de certaines classes de phonèmes consonantiques; de ce fait, les classes comme les fricatives ou les affriquées pour lesquelles la mutation ne s'effectue pas de manière systématique apparaissent comme en voie de structuration ou de restructuration.

LES PARLERS DU NORD-EST

L'étude que nous présentons ici repose sur les faits établis par une enquête essentiellement en trois points : Loretu di Casinca, Cervioni, Merusaglia. Il est impossible, en l'absence d'une géographie linguistique de la Corse, établie sur des bases exhaustives, de préjuger de l'aire d'extension de ces parlers. On peut néanmoins supposer que les faits présentés caractérisent, dans leur ensemble, la région du Nord-Est de la Corse; c'est pourquoi nous désignerons ces parlers comme "parlers du Nord-Est" : N. E., sans bien sûr perdre de vue le caractère approximatif et provisoire de cette appellation.

Ces parlers présentent un certain nombre de traits communs, qui les caractérisent en propre : nous les présenterons de manière globale. Puis nous signalerons certaines particularités, qui les distinguent les uns des autres.

Par ailleurs, nous ne reprendrons pas ici le détail de la démarche phonologique, comme cela a été fait pour le parler de *Veru;* nous nous bornerons à donner des résultats et à souligner l'originalité de ces parlers.

Les consonnes

Les parlers du N. E. emploient les sons consonantiques suivants (cf. tableau phonétique, Chap. II) :

{*p, t, k, b, d, g, ð, f, v, s, z, ʃ, ʒ, ts, dz, tʃ, dʒ, m̄, n̄, m, n, l̄, l, r̄, r, w, ɥ, j*}

Sont donc absents, par rapport à *Veru,* les sons *p̄, t̄, k̄* et *t̄ʃ*.

Donnons quelques exemples de réalisation de ces sons consonantiques : (par convention, et par souci de simplicité, nous donnons, en transcription phonétique, des formes empruntées au parler de la Casinca).

p	**trè pani**	*tr'ɛ p'ani*	"trois pains"
	scappa	*skap'a*	"échapper"
b	**u pane**	*u b'anɛ*	"le pain"
	babbu	*b'abu*	"père"
	u capu	*u g'abu*	"la tête"
t	**trè tori**	*tr'ɛ t'ɔri*	"trois taureaux"
	fattu	*f'atu*	"fait"

d	**u toru**	*u d'ɔru*	"le taureau"
	u prete	*u br'edɛ*	"le prêtre"
đ	**u dente**	*u đ'ɛntɛ*	"la dent"
	u pede	*u b'eđɛ*	"le pied"
k	**trè case**	*tr'ɛ k'azɛ*	"trois maisons"
	a vacca	*a w'aka*	"la vache"
g	**a casa**	*a g'aza*	"la maison"
	pagà	*pag'a*	"payer"
	gola	*g'ɔla*	"gorge"
tʃ	**hè cecu**	*'ɛ tʃ'egu*	"il est aveugle"
	facciu	*f'atʃu*	"je fais"
dʒ	**a simicia**	*a dʒ'imidʒa*	"la punaise"
	pece	*p'edʒɛ*	"poix"
l̄	**trè lumi**	*tr'ɛ l̄'umi*	"trois lumières"
	cavallu	*kaw'al̄u*	"cheval"

Les autres sons consonantiques ont sensiblement la même réalisation et la même répartition que dans le parler de *Veru* : nous nous bornerons donc à renvoyer aux exemples ci-dessus.

D'un point de vue phonologique, on peut dire que ce consonantisme est caractéristique des parlers du Nord, selon la classification traditionnelle. Disons simplement ici (nous reviendrons là-dessus par la suite, dans le chapitre consacré à la comparaison) qu'il se caractérise par le fait que l'opposition fort ~ faible se réalise,de manière généralisée, sous la forme sourd-sonore.

L'analyse phonologique permet d'établir la liste des phonèmes des parlers du N. E. :

/p/ ~ /t/ ~ /k/ ~ /b/ ~ /d/ ~ /g/ ~ /w/ ~ /đ/ ~ /f/ ~ /v/ ~ /s/ ~ /z/ ~ /ʃ/ ~ /ʒ/
/ts/ ~ /dz/ ~ /tʃ/ ~ /dʒ/ ~ /m̄/ ~ /n̄/ ~ /l̄/ ~ /r̄/ ~ /m/ ~ /n/ ~ /l/ ~ /r/ ~ /j/

La liste de ces phonèmes est établie, tout comme pour le parler de *Veru,* dans la position où il existe un maximum de possibilités, c'est-à-dire en position C (à l'intérieur du mot, entre deux voyelles).

Il est à noter que le phonème /đ/ connaît, dans ces régions, une variante zéro qui apparaît à des degrés divers selon les régions et les locuteurs.

Ainsi, **u dente** se dira, selon les cas, *u đ'ɛntɛ* ou bien *u 'ɛntɛ,* **pede** se dira *p'eđɛ* ou *p'eɛ*, etc...

Le phénomène de mutation consonantique — caractéristique de l'ensemble de la langue corse — se manifeste, dans ces parlers, de la manière suivante :

p/b	**pane**	*p'anɛ/u banɛ*	"pain"
t/d	**toru**	*t'ɔru/u d'ɔru*	"taureau"
k/g	**cane**	*k'anɛ/u g'anɛ*	"chien"
b/w	**bussu**	*b'usu/u w'usu*	"buis"
d/đ	**dente**	*d'ɛntɛ/u đ'ɛntɛ*	"dent"

g/w	**gustu**	*g'ustu/u w'ustu*	"goût"
m̄/m	**mamma**	*m̄'am̄a/a m'am̄a*	"mère"
n̄/n	**nannu**	*n̄'an̄u/u n'an̄u*	"nain"
l̄/l	**lume**	*l̄'umɛ/u l'umɛ*	"lumière"
r̄/r	**re**	*r̄'ɛ/u r'ɛ*	"roi"
ts/dz	**zinzale**	*tsindz'alɛ/u dzindz'alɛ*	"moustique"
tʃ/dʒ	**cimicia**	*tʃ'imidʒa/a dʒ'imidʒa*	"punaise"
f/v	**fola**	*f'ɔla/a v'ɔla*	"conte"
s/z	**santu**	*s'antu/u z'antu*	"saint"
dj/j	**ghjustu**	*dj'ustu/u j'ustu*	"juste"
gr/r	**granu**	*gr'anu/u r'anu*	"grain"
gw/w	**gwanti**	*gw'anti/i w'anti*	"gants"
br/r	**bracciu**	*br'ætʃu/u r'ætʃu*	"bras"

Le consonantisme de *Cervioni* et de *Merusaglia* semble se distinguer, par rapport à celui de la *Casinca,* par une tendance à la neutralisation des oppositions /m̄/ ~ /m/, /n̄/ ~ /n/ et /r̄/ ~ /r/. Ainsi, on confondra **anu** *'anu* "ils ont", et **annu** *'anu* "année", **lasciami** *l̄'aʃami* "laisse-moi" et **lasciàmi** *l̄aʃ'ami* "me laisser". De même, on dira *f'æru* pour **ferru** "fer", etc... Certains locuteurs semblent cependant conserver ces oppositions : sans doute ne s'agit-il là que d'une tendance.

Les voyelles.

Phonétiquement, les sons vocaliques utilisés par les parlers du N. E. sont au nombre de huit :

{ *i, e, ɛ, æ, a, ɔ, o, u* }.

Le son *æ* (rappelons que ce son n'existe pas à *Veru*), apparaît dans des mots comme :

bracciu	*br'ætʃu*	"bras"	
vene	*b'ænɛ*	"venir"	
carne	*k'ærn̄ɛ*	"viande"	etc...

Les sept autres sons vocaliques correspondent, en gros, à ce qui a été dégagé, d'un point de vue phonétique, pour le parler de Veru.

D'un point de vue phonologique, ces parlers se caractérisent, sur le plan du vocalisme, par deux traits : l'existence en position atone d'inventaires vocaliques plus riches que celui observé dans le parler de Veru; l'existence dans certains contextes toniques de huit phonèmes vocaliques au lieu des sept attestés à Veru.

Ainsi, en *Casinca,* quatre voyelles se réalisent en position atone, non seulement *i, u* et *a* mais aussi *ɛ*. En syllabe post-tonique existe une multitude de paires minimales, étant donnée l'utilisation morphologique de ces voyelles :

bellu *b'æl̄u* "beau", **bella** *b'æl̄a* "belle", **belli** *b'æl̄i* "beaux", **belle** *b'æl̄ɛ* "belles" ou encore **dormi** *d'orm̄i* "tu dors", **dorme** *d'orm̄ɛ* "dormir". Ce *ɛ* correspond à *Veru* tantôt à *i*, tantôt à *a* : *b'ɛdi* "belles", *d'orm̄a* "dormir". En syllabe prétonique, *ɛ* est représenté dans une forme comme **nettà** *n̄ɛt'a* "nettoyer" (*n̄it̄'a* à *Veru*).

Par ailleurs, le parler de *Cervioni* possède un inventaire de voyelles atones encore plus riche (cinq voyelles) puisqu'il existe, hors de l'accent un *ɔ*.

On a ainsi, à *Cervioni* :

adorà	*aðɔr'a*	"adorer"	en face de	*aður'a*	*Veru*	et	*Casinca*
nodà	*nɔð'a*	"nouer"	en face de	*n̄uð'a*	*Veru*	et	*Casinca*
tovonà	*tɔvɔn'a*	"trouer"	en face de	*tuvun'a*	*Casinca*,	etc...	

Voyons à présent comment s'organisent les voyelles accentuées des parlers du Nord-Est. Le son *æ* apparaît, la plupart du temps, dans les contextes suivants :

— devant -n-, suivi ou non d'une consonne. On a ainsi :

vene	*b'ænɛ*	"venir"
fenu	*f'ænu*	"foin"
ventu	*b'æntu*	"vent"
nanzu	*n̄'æntsu*	"devant", etc...

— devant -r + consonne (ou bien devant r̄ : r-r). On a par exemple :

carne	*k'ærn̄ɛ*	"viande"
vermu	*b'ærm̄u*	"ver"
terra	*t'ær̄a*	"terre"
ferru	*f'ær̄u*	"fer", etc...

Or, dans ces contextes, tous les sons vocaliques ne sont pas permis :

— devant n, le son *e* est exclu : il n'existe pas de séquences du type *-en-* (le fait semble d'ailleurs être général en corse).

— devant r + consonne, ce sont les deux voyelles *a* et *e* qui sont exclues : -er- et -ar- sont également interdits. On n'a donc pas, dans ces contextes, l'opposition entre huit voyelles, mais seulement entre sept, voire six. Le son *æ* n'apparaît donc pas comme un phonème, mais plutôt comme une variante, dans la mesure où il ne s'oppose pas là aux sept autres voyelles.

Mais il existe quelques mots (en nombre très restreint, il est vrai), qui offrent un contexte dans lequel *æ* peut s'opposer aux sept autres sons vocaliques et acquiert par là-même statut de phonème. On a par exemple la série suivante (étant donnée la rareté de *æ*, il est impossible de trouver des paires minimales) :

i	**mille**	*m̄'il̄ɛ*	"mille"	**pichju**	*p'itju*	"pic-vert"
e	**ciarbellu**	*tʃarb'el̄u*	"cerveau"	**spechju**	*sp'etju*	"miroir"
ɛ	**ellu**	*'ɛl̄u*	"lui, il"	**techju**	*t'ɛtju*	"repu"
æ	**bellu**	*b'æl̄u*	"beau"	**atrachju**	*atr'ætju*	"crépuscule"
a	**balla**	*b'al̄a*	"il danse"	**machja**	*m̄'atja*	"maquis"

(Nous laissons de côté les voyelles postérieures, qui ne font pas problème ici). On peut également trouver des oppositions en finale absolue. On a ainsi :

o Pè	*ob'e*	"Pierre" (vocatif)
mè	*m̄'ɛ*	"moi"
bè	*b'æ*	"bien"
và	*b'a*	"(il) va"

Il faut préciser que la forme *b'æ* est une forme syncopée par rapport à la forme pleine *b'ænɛ*, forme dans laquelle l'apparition de *æ* est précisément déterminée par la présence de la consonne -n-. La situation est d'ailleurs identique pour une forme comme *t'æ*, en face de **teni** *t'æni* "tiens". Mais le *n* disparaissant, le *æ*, de variante qu'il était, devient phonème.

Ces faits nous conduisent à poser l'existence, pour les parlers du Nord-Est, de huit phonèmes vocaliques. Il est bien certain que /æ/, étant donné le petit nombre d'unités dans lesquelles il apparaît à titre de phonème, a un rendement fonctionnel faible. On peut par ailleurs penser que son introduction dans la langue — ou plutôt, de manière plus précise, l'acquisition de son statut de phonème — est un phènomène relativement récent. Il n'en reste pas moins vrai que son adjonction à l'inventaire des voyelles toniques confère une certaine originalité aux parlers du Nord-Est, dont le système vocalique se présente donc de la manière suivante :

Position	tonique	Position	atone	
i	u	i	u	
e	o	ɛ	ɔ	*(Cervioni)*
ɛ	ɔ	a		
æ	a			

LES PARLERS DU NORD-OUEST.

Nous utilisons des enquêtes menées essentiellement à *Lozzi (Niolu)* et *Pioggiola* (Haute-Balagne, région d'*Olmi-Cappella*). Les parlers de ces deux régions présentent un certain nombre de traits communs, que nous nous efforcerons de dégager; nous signalerons ensuite ce qui semble les distinguer l'un de l'autre. Il va de soi que les réserves que nous avons faites ci-dessus, concernant l'aire d'extension de ces parlers, sont à renouveler ici : notre appellation "parlers du N. O." est, ici encore, approximative et provisoire et vise seulement à simplifier la présentation.

Les voyelles.

Phonétiquement, elles sont au nombre de huit, comme dans les parlers du N. E. :

$$\{ i, e, \epsilon, æ, a, ɔ, o, u \}$$

Mais le son *æ*, au N. O., n'apparaît que devant -n-, là où précisément le son *e* est interdit : nous analyserons donc, ici encore, le *æ* qui apparaît devant -n- comme une variante.

Quel que soit le contexte, on n'a jamais le choix dans ces parlers, qu'entre sept voyelles, et non huit : il s'agit donc d'un système vocalique à sept phonèmes.

/i/ /u/
/e/ /o/
/ɛ/ /ɔ/
/a/

Il est intéressant de noter que ce système utilise les mêmes sons que ceux du N. E., mais les organise différemment : il ne possède que sept phonèmes vocaliques, tout comme le parler de Veru, au lieu de huit au N. E. Nous aurons l'occasion de revenir sur cette question ci-dessous, dans le chapitre consacré à la comparaison.

Les consonnes.

Ces parlers possèdent les traits majeurs du consonantisme du Nord, que nous avons évoqué ci-dessus à propos des parlers du N. E., et sur lesquels nous reviendrons en détails, dans le chapitre VI. Nous indiquerons simplement ici, de manière grossière, un certain nombre de traits qui semblent caractériser ces parlers.

Le parler de *Lozzi* semble manifester généralement une tendance à la perte de l'opposition originelle entre /đ/ et /l/ : on confondra ainsi la consonne initiale de : **u dente** prononcé *u l'ɛntɛ* "la dent" et **u legnu** *u l'ɛnju* "le bois" de même que la consonne intérieure de **u pede** prononcé *u b'elɛ* "le pied" et **u pelu** *u b'ɛlu* "le poil", etc... Ceci a évidemment une répercussion sur les alternances consonantiques car au *l* et au *d* en position C_F correspond dès lors un *l* en position C_f.

Mais il faut bien préciser qu'il ne s'agit là que d'une tendance, et que certains locuteurs possèdent l'opposition *đ*$\sim$*l*.

Un autre trait semble caractéristique du parler du Niolu : Il s'agit de la réalisation de l'opposition /n̄/$\sim$/n/. Dans les parlers que nous avons étudiés jusqu'ici, cette opposition, si elle est conservée, (rappelons qu'elle disparaît à *Cervioni*) se réalise sous la forme tendu$\sim$non-tendu. On distingue ainsi **annu** *'añu* "an" de **anu** *'anu* "ils ont" etc...

Au Niolu, cette opposition entre /n̄/ et /n/ est conservée, mais elle n'est plus portée par la consonne, qui se réalise toujours comme *n* : elle est transférée sur la voyelle qui précède. Ainsi, l'opposition entre **annu** et **anu** citée ci-dessus se réalise, dans ce parler, sous la forme *'anu* "an", et *'ãnu* "ils ont". Autrement dit, un n double (ou tendu : /n̄/) se réalise phonétiquement comme un *n* normal, alors qu'un *n* simple (ou non-tendu : /n/) se réalise également comme un *n* "normal" mais entraîne simultanément la nasalisation de la voyelle qui précède. On aura ainsi : **pane** *p'ãnɛ* "pain", et **panne** *p'anɛ* "langes", etc...

Le parler de Haute-Balagne *(Pioggiola)* possède aussi un certain nombre de traits qui le caractérisent en propre, et le distinguent, entre autres, du parler du *Niolu,* du point de vue du moins du consonantisme.

Disons tout d'abord que ce parler conserve l'opposition entre /ð/ et /l/ qui, nous l'avons vu, disparaît au *Niolu.* Mais l'opposition /n̄/ ~ /n/ et l'opposition /l̄/ ~ /l/, si elles sont conservées, connaissent des réalisations phonétiques assez particulières : /l̄/ ~ /l/ se réalise sous la forme *l* ~ *ɫ*, alors que /n̄/ ~ /n/ se réalise sous la forme *n* ~ ˜*η*, Rappelons que le symbole *ɫ* désigne une consonne latérale vélaire, et le symbole *η* une consonne occlusive nasale vélaire. ˜ indique la nasalisation de la voyelle qui précède.

Donnons quelques exemples, dans lesquels nous mettrons en vis-à-vis des formes empruntées au parler de la Casinca, qui réalise ces oppositions sous la forme n̄ ~ n et l̄ ~ l, et les formes du parler de Haute-Balagne

		H^te^ Balagne	*Casinca*	
/l̄/ ~ /l/	**mulu**	*m̄'uɫu*	*m̄'ulu*	"mulet"
	pala	*p'aɫa*	*p'ala*	"pelle"
	u lume	*u ɫumɛ*	*u l'umɛ*	"la lumière"
	a lama	*a ɫ'ama*	*a l'ama*	"le fer blanc"
	ellu	*'ɛlu*	*'ɛl̄u*	"lui"
	cavallu	*kaw'alu*	*kaw'al̄u*	"cheval"
	hè longu	*'ɛ l'ɔηgu*	*'ɛ l̄'ɔηgu*	"il est long"
	trè lumi	*tr'ɛ l'umi*	*tr'ɛ l̄'umi*	"trois lumières"
/n̄/ ~ /n/	**vene**	*b'æ̃ηɛ*	*b'ænɛ*	"venir"
	u granu	*u r'ãηu*	*u r'anu*	"le blé"
	a lana	*a ɫ'ãηa*	*a l'ana*	"la laine"
	u tuvone	*u duv'ɔ̃ηɛ*	*u duv'ɔnɛ*	"le trou"
	annu	*'anu*	*'an̄u*	"année"
	tonnu	*t'ɔnu*	*t'ɔn̄u*	"tonnerre"
	hè novu	*'ɛ n'owu*	*'ɛ n̄'owu*	"il est neuf"
	trè notte	*tr'ɛ n'otɛ*	*tr'ɛ n̄'otɛ*	"trois nuits"

Phonologiquement, la structure de ce parler ne diffère pas sur ce point (opposition tendu ~ non-tendu) de ce qui a été dégagé pour le parler de *Veru* ou de la *Casinca* par exemple : il existe le même nombre de phonèmes, entretenant entre eux les mêmes rapports, etc... Mais la réalisation phonétique de ces phonèmes est, en Haute Balagne, assez profondément différente de ce qu'elle est ailleurs. Les différences relevées ici sur ce point entre les parlers concernent la "substance" et non la "forme". Les variations dans la réalisation phonétique contribuent en tout cas à conférer au parler de chaque région une originalité qui se manifeste au niveau de ce que l'on appelle "l'accent" (cf. ci-dessous, chapitre VI).

LES PARLERS DE L'EXTRÊME-SUD.

Notre point d'enquête est constitué par le village d'*Auddè* (Aullène). Bien qu'un certain nombre de traits relevés ici semblent caractéristiques de l'ensemble des parlers de l'Extrême-Sud [7], il faut bien entendu, ici encore, se garder des généralisations abusives. Notre appellation "parlers de l'Extrême-Sud" n'est choisie que pour simplifier l'exposé.

Si l'on se place sur le plan strict de la phonologie synchronique, c'est-à-dire si l'on étudie la manière dont ce parler organise, aujourd'hui, les traits phoniques dont il dispose, on constate bien peu de différences, au niveau du système, avec le parler de *Veru* étudié ci-dessus.

Sur le plan du consonantisme, la différence phonétique la plus frappante est l'existence, dans l'Extrême-Sud, d'un son *ḍ*, cacuminal ou rétroflexe, c'est-à-dire articulé en arrière de la zone alvéolaire, la pointe de la langue étant recourbée vers l'arrière. Ce son, fortement articulé, présente d'ailleurs une légère aspiration.

Donnons quelques exemples :

pelle	*p̄'eḍi*	"peau"
cavallu	*k̄aw'aḍu*	"cheval"
piglià	*p̄iḍ'a*	"prendre"

Ce son correspond, à la fois, à *d* et *lj* du parler de *Veru*, et à *l̄* et *lj* des parlers du Nord-Est. La séquence *lj* se trouve du même coup exclue du parler d'*Auddè* [8] : cela constitue une différence, sur le plan phonologique, par rapport aux parlers de *Veru* et du Nord-Est.

Par ailleurs, les consonnes occlusives sourdes de ce parler se réalisent, quand elles sont fortes (position C ou C_F) avec une légère aspiration. Mais cela concerne seulement le plan de la phonétique et n'entraîne aucune modification au niveau du système phonologique : celui-ci, répétons-le, est identique à celui qui a été établi pour le parler de *Veru*, exceptée l'absence de la séquence -lj-.

---

(7) Cf. notamment, les études de M. GIACOMO-MARCELLESI sur le parler de Sotta et sur divers parlers de la région (rapport R. C. P. 1976).

(8) Il existe cependant quelques unités comme *m̄'ɔlja* "femme". Mais cela semble marginal : en effet, à côté de *m̄'ɔlja*, il existe *muḍ'eri* avec le même sens, qui semble plus ancien. M. GIACOMO-MARCELLESI remarque d'ailleurs, pour *Sotta* et la vallée du *Taravu* que ce terme de *m̄'ɔlja*, probablement parce qu'il est ressenti comme "hors système", est concurrencé par *d'ɔn̄a* avec le sens de "épouse" (Rapport 1976). Notons enfin que *m̄'ɔlja*, du latin mŭlier, semble de plus présenter un vocalisme anormal pour ces régions du Sud où ŭ latin a abouti à *u* (cf. infra).

En ce qui concerne les voyelles, le parler d'*Auddè* connaît le même système que celui que nous avons décrit pour le parler de *Veru* : sept phonèmes vocaliques en position tonique, à savoir {/i/ ~ /e/ ~ /ɛ/ ~ /a/ ~ /ɔ/ ~ /o/ ~ /u/}, et une réduction de cet inventaire à trois voyelles en position atone, à savoir /i/ ~ /u/ ~ /a/ . Les sept voyelles toniques sont attestées, entre autres, dans les unités suivantes :

/i/	**filu**	*f'ilu*	"fil"
/e/	**pede**	*p̄'eđi*	"pied"
/ɛ/	**meda**	*m̄'ɛđa*	"pétrin"
/a/	**granu**	*gr'anu*	"blé"
/ɔ/	**oru**	*'ɔru*	"or"
/o/	**cori**	*k̄'ori*	"cœur"
/u/	**piuma**	*pj'uma*	"plume"

Ce parler possède néanmoins une "physionomie" générale très particulière, par rapport aux parlers étudiés ci-dessus, et un Corse originaire d'une région quelconque de l'île repèrera immédiatement "l'accent du sud" de son interlocuteur. Cela est dû au fait que les voyelles ne se répartissent pas de la même manière, dans les parlers de cette région et dans les autres parlers de l'île, à l'intérieur des unités lexicales. Les mêmes "mots", à Auddè et à Veru, par exemple, ne contiennent pas forcément les mêmes voyelles. On aura ainsi :

	Auddè	Veru	
filu	*f'ilu*	*f'ilu*	"fil"
meli	*m̄'eli*	*m̄'eli*	"miel"
vene	*v'ɛna*	*v'ɛna*	"venir"
pomu	*p̄'ɔm̄u*	*p̄'ɔmu*	"pomme de terre"
tola	*t̄'ola*	*t̄'ola*	"table"
fruttu	*fr'ut̄u*	*fr'ut̄u*	"fruit"

avec le même vocalisme, mais aussi :

ellu	*'iḍu*	*'ɛdu*	"lui"
pesu	*p̄'ezu*	*p̄'ɛzu*	"poids"
pettu	*p̄'ɛt̄u*	*p̄'et̄u*	"poitrine"
ochji	*'ɔtji*	*'otji*	"yeux"
fiore	*fj'ori*	*fj'ɔri*	"fleur"
fornu forru	*f'ur̄u*	*f'ɔr̄u*	"four"

etc... avec un vocalisme différent (seule la voyelle *a* ne varie pas d'un parler à l'autre). Cela est dû au fait que le vocalisme des deux parlers, *Auddè* et *Veru* (ou, plus généralement, on pourrait dire des parlers de l'extrême sud, et de tous les autres parlers corses) a évolué de manière différente à partir du latin : les voyelles latines n'ont pas abouti aux mêmes résultats dans l'extrême sud de la Corse et ailleurs. Il sera donc nécessaire, si l'on veut cerner la réalité des parlers étudiés, de compléter l'étude synchronique ponctuelle par une étude diachronique. Ce sont ces problèmes que nous abordons au chapitre V.

CHAPITRE IV

ÉLÉMENTS DE MORPHOLOGIE

Toute langue dispose d'une liste originale d'unités (phonèmes, accent...) et combine ces unités de manière originale pour constituer des séquences phoniques. Ainsi se trouve caractérisée ce qu'on appelle souvent la deuxième articulation : le chapitre précédent s'est attaché à mettre en évidence cette articulation phonologique de quelques parlers corses.

De toutes les séquences phoniques possibles selon les lois dégagées dans la deuxième articulation, la langue n'utilise qu'un petit nombre, et leur confie une fonction de *signifiant.* Ces séquences phoniques-là expriment un *signifié* et le couple signifiant-signifié constitue un *signe.* L'organisation de ces signes en séquences significatives s'appelle la première articulation de la langue. C'est dans le cadre de cette articulation que se situe la morphologie.

L'étude de la première articulation relève à la fois de la morphologie et de la syntaxe. La syntaxe a pour objet d'établir la classification des signes (pris globalement, expression et contenu) et les règles qui permettent de les combiner; la morphologie, elle, étudie exclusivement la face signifiante de ces signes. Elle s'attache à montrer quels sont les *formants* qui composent la face signifiante des signes et comment ces formants varient quand on les combine les uns avec les autres.

La morphologie traite donc des variations qui affectent l'expression non seulement dans le cadre du mot, comme c'est le cas pour les phénomènes d'alternance vocalique, mais encore dans le cadre de séquences plus larges, comme c'est le cas pour les phénomènes de mutation consonantique qui se produisent aux frontières entre les mots. De plus, elle traite aussi bien des formants auxquels correspond un signifié, les racines par exemple, que de ceux auxquels ne correspond pas de signifié, les désinences de genre ou les voyelles thématiques par exemple; ces derniers ont pour fonction de permettre une classification des signifiants, le genre étant un facteur de classification des signifiants des noms, la voyelle thématique des signifiants des verbes.

L'un des problèmes qui relèvent de la morphologie est donc celui de la variation des formants. Précisons cette notion par un exemple : il est clair que les mots **tempu** *t̄'ɛmp̄u* "temps" et **timpacciu** *t̄imp̄'at̄ʃu* "mauvais temps" ont un monème en commun. Le signifié de ce monème est la notion de "temps". Quant à son signifiant, il prend les deux formes *t̄'ɛmp̄-* ou *t̄imp̄-*. On dira que *t̄'ɛmp̄-* et *t̄imp̄-* sont deux variantes d'un même formant. L'étude morphologique se fixe pour but de faire l'inventaire des différentes formes que peut prendre chaque formant, de mettre en évidence quels sont les paramètres qui déterminent l'apparition des variantes, et de poser, pour chaque formant, une forme, dite "forme de base" (notée par convention entre barres verticales) : cette forme — abstraite — sera choisie de manière qu'elle permette de prévoir le plus aisément possible les différentes variantes observables. Nous aborderons le détail de ces problèmes au fur et à mesure que les cas particuliers se présenteront.

Nous voudrions aborder, dans ce chapitre, à la lumière des principes que nous venons d'énoncer, les problèmes posés par le comportement de l'accent, la mutation consonantique, l'alternance vocalique, les marques du genre dans le nom et donner un aperçu de la morphologie verbale.

LE COMPORTEMENT DE L'ACCENT.

L'accent est en corse partiellement libre, pouvant porter sur la dernière, l'avant-dernière ou l'avant-avant-dernière syllabe du mot, comme l'attestent les exemples suivants :

cantarà	*k̄ant̄ar'a*	"il chantera"
canta	*k̄'ant̄a*	"il chante"
cantani	*k̄'ant̄ani*	"ils chantent"

Cela signifie que l'organisation phonologique du corse n'impose pas (contrairement à ce qui se passe en français) une place fixe à l'accent; l'assignation d'une place à l'accent dans le mot relève de l'organisation morphologique. La phonologie se borne à fixer les limites à l'intérieur desquelles la morphologie intervient; ces limites — nous le rappelons — sont au nombre de deux :

— il y a un accent et un seul par mot.

— cet accent ne peut porter que sur l'une des trois dernières syllabes du mot.

Tout le reste incombe à la morphologie. Nous allons essayer de montrer comment s'effectue le placement morphologique de l'accent.

Il apparaît dans les exemples cités ci-dessus que ce n'est pas toujours le même formant qui porte l'accent. Ainsi le signifiant qui exprime la notion de "chant" est accentué dans le second et le troisième cas mais pas dans le premier. De même, le signifiant qui exprime la notion de "temps" porte l'accent dans **tempu** *t̄'ɛmp̄u* "temps" mais non dans **timpacciu** *t̄imp̄'at̄ʃu* "mauvais temps", **timpesta** *t̄imp̄'esta* "tempête" etc... Il est clair que l'absence de l'accent sur la racine **cant-** dans la forme **cantarà** et sur la racine **temp-** dans la forme **timpacciu** est liée à la présence d'un suffixe de futur d'une part et du suffixe **-acciu** de l'autre. Par conséquent la place de l'accent dans le mot dépend des formants qui le composent. Pour expliquer le "déplacement" accentuel que l'on observe entre *t̄'ɛmp̄u* et *t̄imp̄'at̄ʃu,* supposons que la racine *t̄'ɛmp̄-* possède en propre un accent comme en témoigne *t̄'ɛmp̄u* et que le suffixe *-'at̄ʃu-* possède lui aussi en propre un accent comme l'atteste *t̄imp̄'at̄ʃu.* Lorsqu'on combine cette racine et ce suffixe pour constituer un mot, on obtient *t̄'ɛmp̄-'at̄ʃu*; mais un mot ne peut posséder deux accents. Une règle intervient alors qui stipule que, à l'intérieur d'un mot, tout accent autre que le dernier doit être supprimé. La forme *t̄'ɛmp̄-'at̄ʃu* est appelée forme de base; on la note conventionnellement entre deux barres verticales |t̄'ɛmp̄-'at̄ʃu|. La règle accentuelle énoncée ci-dessus s'applique uniquement à des formes de base.

Cette règle a d'ailleurs un très grand degré de généralité et peut être vérifiée dans les mots comportant plusieurs suffixes. Considérons par exemple la série suivante :

scarpi	*sk'arp̄i*	"chaussures"
scarparu	*skarp̄'aru*	"cordonnier"
scarparacciu	*skarp̄ar'at̄ʃu*	"mauvais cordonnier"

Nous poserons, comme forme de base du radical, |sk'arp̄|. Les suffixes adjoints à ce radical auront, eux, les formes de base suivantes : |'ar| et |'at̄ʃ|. La forme de base de **scarparacciu** sera, par conséquent |sk'arp̄-'ar-'at̄ʃ-u|. La règle accentuelle énoncée ci-dessus effacera les deux accents précédant le dernier.

Prenons un autre exemple. On a la série suivante, formée par suffixation à partir d'une racine nominale :

soma	*s'ɔma*	"charge"
sumere	*sum'eri*	"âne"
sumerone	*sumir'ɔni*	"gros âne"
sumeracciu	*sumir'at̄ʃu*	"mauvais âne"
sumeronacciu	*sumirun'at̄ʃu*	"gros mauvais âne"

Les formes de base des principaux formants seront :

|s'ɔm|, |'er|, |'ɔn|, |'at̄ʃ|.

Ces formants sont tous accentués. Ils perdent leur accent lorsqu'ils se trouvent suivis, à droite, d'un autre formant accentué.

|s'ɔm-'er-i| donne *sum'eri* par effacement de l'accent de |s'ɔm|,

|s'ɔm-'er-'ɔn-i| donne *sumir'ɔni* par effacement des accents de |s'ɔm| et de |'er|

|s'ɔm-'er-'at̄ʃ-u| donne *sumir'at̄ʃu* par effacement des accents de |s'ɔm| et de |'er|,

|s'ɔm-'er-'ɔn-'at̄ʃ-u| donne *sumirun'at̄ʃu* par effacement des accents de |s'ɔm|, de |'er| et de |'ɔn|.

Tout formant n'est pas forcément accentué; le suffixe |-ul| par exemple ne porte jamais d'accent, cf. **scaravazzulu** *skaraw'atsulu* "scarabée", **stacciarigliulu** *stat̄ʃar'iljulu* "tamis", **grattula** *gr'at̄ula* "râpe" etc... Les désinences de genre-nombre |-u|, |-a|, |-i| ne sont jamais accentuées non plus. Une racine même, comme celle du verbe "aller" **andà** peut ne pas porter d'accent. Mais cela engendre des "irrégularités" : si en effet cette racine dépourvue d'accent se combine avec un suffixe accentué, le résultat est un mot normal, par exemple **andarà** "il ira"; si en revanche cette racine se combine avec un suffixe ou une désinence eux-mêmes dépourvus d'accent ou si elle ne se combine avec aucun suffixe ou désinence, le mot qui en résulte est impossible car il ne comporte aucun accent. C'est la raison pour laquelle une autre racine, accentuée elle, |v'a|, se substitue parfois à |anda| dans la conjugaison du verbe qui signifie "aller" : **và** *v'a* "il va", **vani** *v'ani* "ils vont" etc...

LA MUTATION CONSONANTIQUE.

Nous avons déjà étudié ce phénomène dans le chapitre précédent; en effet, dans la mesure où la mutation consonantique provoque la neutralisation de certaines oppositions phonématiques à l'initiale du mot, son analyse relève de la phonologie. Mais, comme les autres phénomènes de sandhi, comme l'élision et la liaison par exemple, la mutation consonantique est également du ressort de la morphologie dans la mesure où elle apparaît comme une variation de l'initiale consonantique de certains formants.

Ainsi, en fonction du contexte dans lequel il se trouve, un formant peut connaître une alternance consonantique à l'initiale; le signifiant du monème qui a pour signifié "sel" apparaît tantôt sous la forme *s'al-* tantôt sous la forme *z'al-* : **hè sale** *'ɛ s'ali* "c'est du sel", **u sale** *u z'ali* "le sel"; le signifiant du monème qui a pour signifié "cuivre" apparaît tantôt sous la forme *r̄'am-* tantôt sous la forme *r'am-* : **hè ramu** *'ɛ r̄'amu* "c'est du cuivre", **u ramu** *u r'amu* "le cuivre" etc...

Nous n'étudierons pas ces alternances dans le détail puisque l'essentiel des faits figure déjà dans l'analyse phonologique. Nous soulignerons seulement ici le fait que, dans ces cas d'alternance consonantique, on peut prendre pour forme de base le formant qui comporte la variante forte de la consonne initiale. Ainsi, pour les deux exemples cités, les formes de base seraient |s'al-| et |r̄'am-|. Ceci dans la mesure où, à partir de la variante forte, on peut aisément prévoir la variante faible dans tous les cas alors que l'inverse n'est pas toujours vrai. Si nous considérons par exemple :

'ɛ gr'anu	"c'est du blé"	*u r'anu*	"le blé"
'ɛ r̄'amu	"c'est du cuivre"	*u r'amu*	"le cuivre"
s'ɔ gw'ant̄i	"ce sont des gants"	*i w'ant̄i*	"les gants"
s'ɔ v'arm̄i	"ce sont des vers"	*i w'arm̄i*	"les vers"

il est clair que nous pouvons, à partir des formes de gauche, prévoir celles de droite, l'inverse n'étant pas vrai. Les relations entre variantes fortes et variantes faibles peuvent, en effet, être schématisées ainsi :

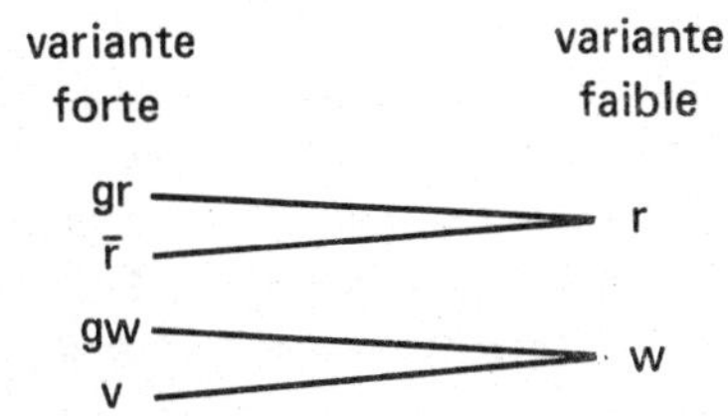

La relation ne peut être fonctionnelle que dans le sens fort-faible.

Il est à remarquer que l'absence de fonctionnalité dans le sens faible-fort a quelquefois pour conséquence la création de doublets tels que *gw'ɛr̄a* et *v'ɛr̄a* "guerre", *gw'ant̄i* et *v'ant̄i* "gants" etc...

L'ALTERNANCE VOCALIQUE.

Ce phénomène est général en corse. Il se réalise néanmoins de diverses manières selon les parlers. Nous l'étudions, ici, pour les régions du Centre-Sud (Veru) et du Nord-Est (Casinca). L'application de la règle qui efface, à l'intérieur d'un syntagme minimal, tous les accents excepté le dernier, entraîne évidemment des modifications du timbre de certaines voyelles : les exemples donnés ci-dessus en témoignent clairement. Le formant |s'ɔm| se réalise comme *sum-* dans *sum'eri, sumir'ɔni* etc... Le formant |e'r| se réalise comme *ir-* dans *sumir'ɔni,* etc... Le formant |-ɔ'n-| se réalise comme *un-* dans *sumirun'at̄ʃu* etc... On a donc, pour un même formant, deux variantes possibles. L'étude de ces variations relève directement de la morphologie. Il s'agit du phénomène de l'alternance vocalique : un même formant apparaît avec telle voyelle ou avec telle autre selon la position dans laquelle il se trouve, c'est-à-dire, ici, selon la place de l'accent. Ce phénomène d'alternance vocalique est donc très étroitement lié au phénomène d'accentuation que nous venons d'évoquer : l'alternance *'ɔ/u* dans *s'ɔma/sum'eri* est liée à la présence, dans le second cas, d'un suffixe accentué, ce qui a pour effet d'effacer l'accent du radical |s'ɔm-|.

Ce phénomène — morphologique — d'alternance vocalique est conditionné par le système phonologique de notre parler. Souvenons-nous, en effet, que l'analyse phonologique du parler de Veru a montré que l'inventaire des voyelles apparaissant sous l'accent, était beaucoup plus riche que celui des voyelles apparaissant hors de l'accent : il y a, hors de l'accent, perte de degrés d'ouverture pour les séries antérieure et postérieure. L'inventaire se réduit ainsi :

i		u		i		u
e		o				
ɛ		ɔ				
	a				a	

On peut donc s'attendre à ce qu'un formant contenant des voyelles *e, ɛ, o,* ou *ɔ,* voyelles qui ne peuvent figurer que sous l'accent, se trouve modifié lorsqu'il perd l'accent, par suite d'une suffixation par exemple.

Il importe maintenant d'établir comment, c'est-à-dire selon quelles règles, s'opère la modification des formants : nous dressons donc la liste des alternances vocaliques du parler de Veru.

— alternances *'e/i*

exemples :

sera	*s'era*	"soir"	**serenata**	*sirin'ata*	"sérénade"
aspettu	*aspet̄u*	"j'attends"	**aspettà**	*aspit̄'a*	"attendre"
agnellu	*anj'edu*	"agneau"	**agnellucciu**	*anjid'ut̄ʃu*	"petit agneau"
pelle	*p̄'edi*	"peau"	**spilla**	*spid'a*	"écorcher"
celu	*t̄ʃ'elu*	"ciel"	**à u celente**	*autʃil'ɛnt̄i*	"à la belle étoile"
freba	*fr'eba*	"fièvre"	**infribatura**	*infribat'ura*	"accès de fièvre"

à un *'e* sous l'accent correspond donc un *i* hors de l'accent.

— alternance *'ɛ/i*

exemples :

fecatu	*f'ɛkatu*	"foie"	**ficatellu**	*fikat'edu*	"figatellu"
pelu	*p̄'ɛlu*	"poil"	**pilone**	*p̄il'ɔni*	"manteau tissé en poil de chèvre"
mela	*m̄'ɛla*	"pomme"	**milone**	*m̄il'ɔni*	"melon"
vena	*v'ɛna*	"venir"	**vinite**	*vin'iti*	"vous venez"
scemu	*ʃ'ɛmu*	"fou"	**scimisce**	*ʃim'iʃa*	"devenir fou"
dente	*d'ɛnt̄i*	"dent"	**sdinticatu**	*zdint̄ik'atu*	"édenté" etc.

à un *'ɛ* sous l'accent correspond donc, également, un *i* hors de l'accent.

— alternance *'o/u*

exemples :

dolu	*d'olu*	"deuil"	**dulori**	*dul'ɔri*	"chagrin"
mora	*m̄'ora*	"mourir"	**murarà**	*m̄urar'a*	"il mourra"
focu	*f'oku*	"feu"	**fucone**	*fuk'ɔni*	"foyer"
figliolu	*filj'olu*	"fils"	**figliulellu**	*filjul'edu*	"fils chéri"
porta	*p̄'ort̄a*	"porte"	**purtone**	*p̄urt̄'ɔni*	"portail"
collu	*k̄'odu*	"cou"	**cullà**	*k̄ud'a*	"monter"

A un *'o* sous l'accent correspond un *u* hors de l'accent.

– alternance *'ɔ/u*

exemples :

rossu	*r̄'ɔsu*	"rouge"	**russettu**	*r̄us'ɛt̄u*	"rougeole"
gola	*g'ɔla*	"gorge"	**guletta**	*gul'ɛt̄a*	"lard" (bajoues du cochon)
monte	*m̄'ɔnt̄i*	"mont"	**muntagna**	*m̄unt̄'anja*	"montagne"
ronca	*r̄'ɔŋk̄a*	"il brait"	**runcà**	*r̄uŋk̄'a*	"braire"
ascolta	*ask'ɔlt̄a*	"il écoute"	**ascultà**	*askult̄'a*	"écouter"
fiore	*fj'ɔri*	"fleur"	**fiuritu**	*fjur'itu*	"fleuri"

A un *'ɔ* sous l'accent correspond donc, également, un *u* hors de l'accent.

Le problème se pose de déterminer, pour chacun des formants, quelle doit être la forme de base; à partir de ces formes de base seront déduites les autres formes. Le souci qui doit nous guider dans l'établissement de ces formes est celui de la simplicité et de la fonctionnalité. Le problème se pose ainsi :

voyelles sous l'accent voyelles hors de l'accent

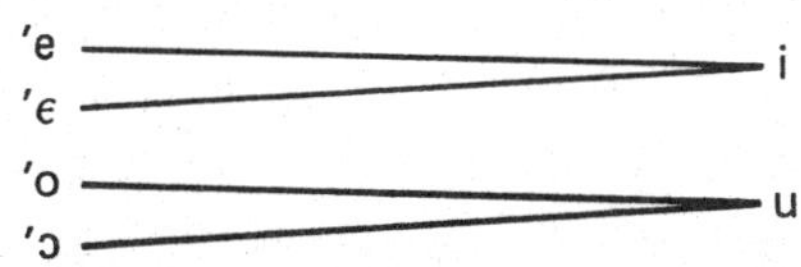

Il est clair que la relation est fonctionnelle dans le sens gauche-droite, et non dans le sens droite-gauche; à partir de *'e* et de *'ɛ*, on peut prévoir *i*, mais à partir de *i*, on ne peut prévoir : *'e* ou *'ɛ* ? La situation est exactement identique en ce qui concerne les voyelles postérieures. Nous partirons donc, dans les formes de base, des voyelles *'e, 'ɛ, 'o, 'ɔ,* et nous poserons une règle disant que des voyelles mi-fermées *('e, 'o)* ou mi-ouvertes *('ɛ, 'ɔ)* deviennent fermées lorsqu'elles perdent l'accent (les antérieures demeurant antérieures, les postérieures demeurant postérieures).

Notre choix de la voyelle devant figurer dans la forme de base trouve d'ailleurs une justification supplémentaire dans ce que l'on pourrait appeler des "alternances zéro" : on a en effet, outre les alternances mentionnées ci-dessus, les alternances (ou les absences d'alternance) suivantes :

– alternance *'i/i*

exemples :

finiscu	*fin'isku*	"je finis"	**finiscia**	*finiʃ'ija*	"il finissait"
ride	*r̄'iđa*	"rire"	**risata**	*r̄iz'ata*	"partie de rire"
libru	*l̄'ibru*	"livre"	**librettu**	*l̄ibr'ɛt̄u*	"petit livre"
filu	*f'ilu*	"fil"	**filà**	*fil'a*	"filer"
vita	*v'ita*	"vie"	**vitaccia**	*vit'at̄ʃa*	"sale vie"
mì	*m̄'i*	"regarde"	**mirè**	*m̄ir'ɛ*	"regardez" etc.

A un *'i* sous l'accent correspond donc un *i* hors de l'accent.

— alternance *'u/u*

exemples :

muvra	*m̄'uvra*	"mouflon"	**muvrinu**	*m̄uvr'inu*	"petit mouflon"
rughjina	*r̄'udjina*	"rouille"	**rughjinosu**	*r̄udjin'ɔzu*	"rouillé"
fughja	*f'udja*	"fuir"	**fughjitu**	*fudj'itu*	"fuit"
ghjustu	*dj'ustu*	"juste"	**ghjustizia**	*djust'idzja*	"justice"
suvaru	*s'uwaru*	"chêne liège"	**suvarinu**	*suwar'inu*	"de chêne liège"
punta	*p̄'unt̄a*	"pointe"	**puntarolu**	*p̄unt̄ar'olu*	"épingle"

A un *'u* sous l'accent correspond un *u* hors de l'accent.

On voit donc que, aux voyelles non accentuées *i* et *u*, correspondent non seulement les voyelles accentuées *'e* et *'ɛ* d'une part, *'o* et *'ɔ* d'autre part, mais également les voyelles accentuées *'i* et *'u*. Il est clair que la relation n'est fonctionnelle que dans le sens voyelle accentuée - voyelle non accentuée : à partir de *'i, 'e, 'ɛ*, on peut prévoir *i*, de même qu'à partir de *'u, 'o, 'ɔ* on peut prévoir *u*, l'inverse n'étant pas possible. Il y a enfin une troisième "alternance zéro".

— alternance *'a/a*

exemples :

mare	*m̄'ari*	"mer"	**marinu**	*m̄ar'inu*	"brise de mer"
fala	*f'ala*	"il descend"	**falava**	*fal'awa*	"il descendait"
cantu	*k̄'ant̄u*	"je chante"	**cantemi**	*k̄ant̄'ɛmi*	"nous chantons"
arba	*'arba*	"herbe"	**(a) erbaccia**	*arb'at̄ʃa*	"mauvaise herbe"
mamma	*m̄'am̄a*	"mère"	**mammona**	*m̄am̄'ɔna*	"grand mère"
campu	*k̄'amp̄u*	"champ"	**campagna**	*k̄amp̄'anja*	"campagne"

A un *'a* sous l'accent correspond un *a* hors de l'accent.

Le système d'alternance vocalique du parler de Veru pourrait donc être représenté par le schéma suivant :

voyelles sous l'accent voyelles hors de l'accent

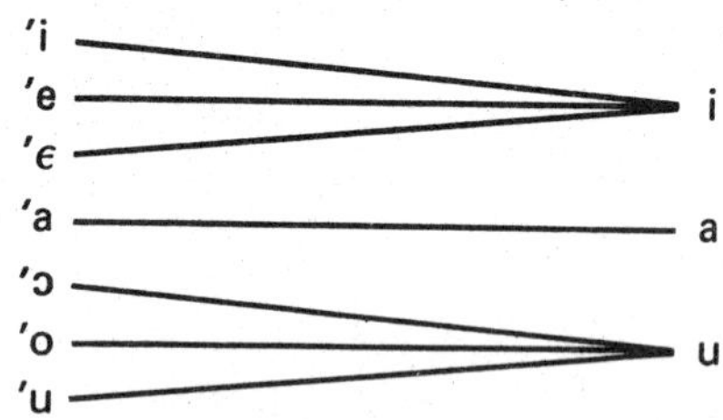

Nous avons noté que, si ce phénomène d'alternance vocalique caractérise l'ensemble des parlers corses, il ne se réalise pas partout de la même manière. La réalisation de ce phénomène à Veru est particulièrement simple, et cela est lié à la simplicité du système vocalique dans ce parler. Mais si nous observons à présent ce qui se passe dans d'autres parlers, nous voyons que les choses peuvent être différentes, et d'ailleurs plus compliquées. Nous examinerons, à titre d'exemple, le phénomène d'alternance vocalique dans la région du Nord-Est à Loretu di Casinca.

Il est important de noter que le système phonologique (vocalique) de la Casinca n'est pas le même que celui de Veru : il apparaît comme plus complexe. Or, nous l'avons vu, le jeu des alternances vocaliques morphologiques se fonde obligatoirement sur les possibilités phonologiques. Rappelons donc ce système :

voyelles sous l'accent		voyelles hors de l'accent	
i	u	i	u
e	o	ϵ	a
ϵ	ɔ		
æ	a		

D'un point de vue morphologique, il existe les alternances suivantes :

— alternances *'i/i*

exemples :

finiscu	*fin'isku*	"je finis"	**finiscia**	*finiʃ'ija*	"je finissais"
ride	*r̄'iđe*	"rire"	**risata**	*r̄iz'ada*	"partie de rire"
libru	*l̄'ibru*	"livre"	**librettu**	*l̄ibr'ϵtu*	"petit livre"
filu	*f'ilu*	"fil"	**filà**	*fil'a*	"filer"
vita	*b'ida*	"vie"	**vitaccia**	*bid'atʃa*	"sale vie"
mi	*m̄'i*	"regarde"	**mirà**	*m̄ir'a*	"regardez"

A un *'i* sous l'accent correspond donc, comme à Veru, un *i* hors de l'accent.

— alternance *'ϵ/i*

exemples :

fecatu	*f'ϵgadu*	"foie"	**ficatellu**	*figad'el̄u*	"figatellu"
pelu	*p'ϵlu*	"poil"	**pilone**	*pil'ɔnϵ*	"manteau tissé en poil de chèvres"
mela	*m̄'ϵla*	"pomme"	**milone**	*m̄il'ɔnϵ*	"melon"
imbela	*(i)mb'ϵla*	"il bêle"	**bilà**	*(i)mbil'a*	"bêler"
scemu	*ʃ'ϵmu*	"fou"	**scimisce**	*ʃim'iʃϵ*	"devenir fou"
dente	*d'ϵntϵ*	"dent"	**sdinticatu**	*zdintig'adu*	"édenté"

A un *'ϵ* sous l'accent correspond donc, comme à Veru, un *i* hors de l'accent.

— alternance *'e/ϵ*

exemples :

aspettu	*asp'etu*	"j'attends"	**aspetta**	*aspϵt'a*	"attendre"
agnellu	*andj'el̄u*	"agneau"	**agnellucciu**	*andjϵl̄'utʃu*	"petit agneau"
nettu	*n̄'etu*	"je nettoie"	**netta**	*n̄ϵt'a*	"nettoyer"
medicu	*m̄'eđigu*	"medecin"	**medicina**	*m̄ϵđidʒ'ina*	"médicament"
leghje	*l̄'edjϵ*	"lire"	**leghjimu**	*l̄ϵdj'imu*	"nous lisons"
rastellu	*r̄ast'el̄u*	"rateau"	**rastella**	*r̄astϵl̄'a*	"râtisser"

A un *'e* sous l'accent correspond donc un *ɛ* hors de l'accent.

— alternance *'æ/ɛ*

exemples :

erba	*'ærba*	"herbe"	**erbaccia**	*ɛrb'atʃa*	"mauvaise herbe"
stracciu	*ʃtr'ætʃu*	"chiffon"	**stracciatu**	*ʃtrɛtʃ'adu*	"déchiré, chiffonné"
pensu	*p'ænsu*	"je pense"	**pensà**	*p̄ɛns'a*	"penser"
bellu	*b'æl̄u*	"beau"	**bellezza**	*bɛl̄'ɛtsa*	"beauté"
bracciu	*br'ætʃu*	"bras"	**braccialettu**	*brɛtʃal'ɛtu*	"bracelet"
scarpu	*sk'ærpu*	"chaussure"	**scarparu**	*skɛrp'aru*	"cordonnier"

A un *'æ* sous l'accent correspond donc un *ɛ* hors de l'accent.

— alternance *'a/a*

exemples :

mare	*m̄'arɛ*	"mer"	**marinu**	*m̄ar'inu*	"brise de mer"
fala	*f'ala*	"il descend"	**falava**	*fal'awa*	"il descendait"
cantu	*k'antu*	"je chante"	**cantate**	*kant'adɛ*	"vous chantez"
caldu	*k'al̄u*	"chaud"	**calore**	*kal'ɔre*	"chaleur"
agru	*'agru*	"aigre"	**agrore**	*agr'ɔrɛ*	"aigreur"
capu	*k'abu*	"tête"	**caputu**	*kab'udu*	"entêté"

A un *'a* sous l'accent correspond donc, comme à Veru, un *a* hors de l'accent.

— alternance *'ɔ/u*

exemples :

rossu	*r̄'ɔsu*	"rouge"	**russettu**	*r̄us'ɛtu*	"rougeole"
gola	*g'ɔla*	"gorge"	**guletta**	*gul'ɛta*	"lard" (bajoues du cochon")
monte	*m̄'ɔnte*	"mont"	**montagna**	*m̄unt'andja*	"montagne"
ronca	*r̄'ɔŋka*	"il brait"	**runca**	*r̄uŋk'a*	"braire"
ascolta	*ask'ɔlta*	"écoute"	**asculta**	*askult'a*	"écouter"
fiore	*fj'ɔre*	"fleur"	**fiuritu**	*fjur'idu*	"fleuri"

A un *'ɔ* sous l'accent correspond donc, comme à Veru, un *u* hors de l'accent.

— alternance *'o/u*

exemples :

dolu	*d'olu*	"deuil"	**dulore**	*dul'ɔrɛ*	"chagrin"
more	*m̄'orɛ*	"mourir"	**murarà**	*m̄urar'a*	"il mourra"
focu	*f'ogu*	"feu"	**fucone**	*fug'ɔnɛ*	"foyer"
figliolu	*filj'olu*	"fils"	**figliulellu**	*filjul'ɛl̄u*	"fils chéri"
porta	*p'orta*	"porte"	**purtone**	*purt'ɔnɛ*	"portail"
collu	*k'ol̄u*	"je monte"	**cullà**	*kul̄'a*	"monter"

A un *'o* sous l'accent correspond donc, comme à Veru, un *u* hors de l'accent.

– alternance *'u/u*

exemples :

muvra	*m̄'uvra*	"mouflon"	**muvrinu**	*m̄uvr'inu*	"petit mouflon"
rughjina	*r̄'udjina*	"rouille"	**rughjinosu**	*r̄udjin'ɔzu*	"rouillé"
fughje	*f'udjɛ*	"fuir"	**fughjitu**	*fudj'idu*	"fui"
ghjustu	*dj'ustu*	"juste"	**ghjustizia**	*djust'idzja*	"justice"
suvaru	*s'uwaru*	"chêne liège"	**suvarinu**	*suwar'inu*	"de chêne liège"
punta	*p'unta*	"pointe"	**puntarolu**	*puntar'olu*	"épingle"

A un *'u* sous l'accent correspond donc, comme à Veru, un *u* hors de l'accent.

On voit que les différences dans le jeu des alternances vocaliques entre le parler de Veru et celui de Loretu di Casinca coïncident avec les différences sur le plan phonologique. A Veru, il n'existe pas de *æ* sous l'accent, non plus que de *ɛ* hors de l'accent. Par conséquent, les alternances *'e/ɛ* et *'æ/ɛ* qu'utilise le parler de la Casinca sont phonologiquement impossibles à Veru. On pourrait représenter le fonctionnement de l'alternance vocalique dans la région de Loretu di Casinca par le schéma suivant :

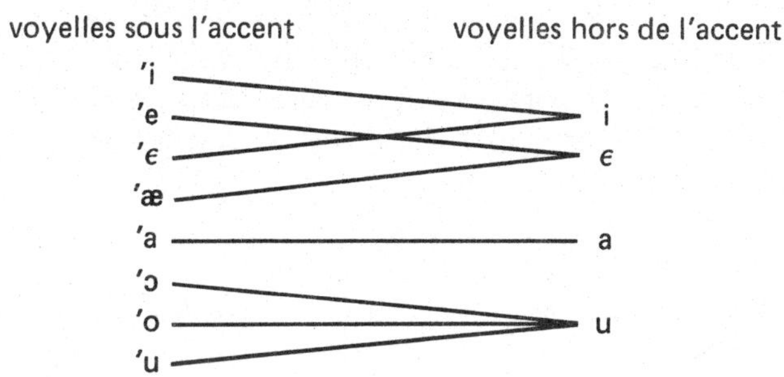

A Loretu di Casinca, comme à Veru, il est clair que l'on peut prévoir les voyelles atones à partir des voyelles accentuées mais qu'on ne peut faire l'inverse.

LES MARQUES DU GENRE DANS LE NOM.

Qu'un nom porte une marque de masculin ou de féminin n'ajoute rien à sa signification. En effet, si l'on veut bien mettre à part des cas comme **u zitellu** *u tsit'edu* "l'enfant" (mâle) : **a zitella** *a tsit'eda* "l'enfant" (femelle), **u sociaru** *u z'otʃaru* "le beau-père" : **a sociara** *a z'otʃara* "la belle-mère", **u ghjattu** *u j'at̄u* "le chat" : **a ghjatta** *a j'at̄a* "la chatte", etc... pour lesquels une distinction de genre recouvre une distinction de sexe, on ne choisit jamais, quand on parle, le genre d'un nom. En corse, la notion de "maison" s'exprime par un féminin : **a casa** *a k'aza*, celle de "mer" par un masculin : **u mare** *u m'ari*. *u k'azu* et *a m'ari* ne peuvent se dire. Cela a pour conséquence que la marque de genre, entièrement prévisible pour une racine donnée, n'introduit aucune information propre. Sa fonction est autre : elle permet de classer les noms en plusieurs catégories. Cette classification est propre à chaque langue : le latin classe ses noms en fonction de la déclinaison à laquelle ils appartiennent et de leur genre : masculin, féminin ou neutre. Le corse, comme le français, distingue seulement deux genres, masculin et féminin, mais le caractère arbitraire de cette classification fait que ce qui est masculin dans une langue ne l'est pas nécessairement dans l'autre et vice-versa. De là les "anomalies" que tout bilingue corse-français connaît bien : **a fica** *a v'ika* correspond non à "la figue" mais au "figuier", "la figue" étant en corse du masculin : **u ficu** *u v'iku*; "dent" est, en français, du féminin et en corse, du masculin : *u đ'ɛnti :* inversement "renard" et "mouflon", masculins en français, sont féminins en corse : *a w'ɔlp̄i, a m'uvra*; le caractère purement arbitraire de ce genre de classification est évident.

En corse, pour ne considérer que les nominaux à voyelle finale atone [(1)], la classification nominale varie d'un parler à l'autre.

Dans le Nord de la Corse, il existe quatre classes de noms [(2)] :

- classe Im : noms masculins à singulier en *-ɛ* et pluriel en *-i*.
- classe IIm : noms masculins à singulier en *-u* et pluriel en *-i*.
- classe If : noms féminins à singulier en *-ɛ* et pluriel en *-ɛ*.
- classe IIf : noms féminins à singulier en *-a* et pluriel en *-ɛ*.

Donnons quelques exemples :

— classe Im :

u mare	*u m'arɛ*	"la mer"	**i mari**	*i m'ari*	"les mers"
u pede	*u b'e(δ)ɛ*	"le pied"	**i pedi**	*i b'e(δ)i*	"les pieds"
u mele	*u m'elɛ*	"le miel"	**i meli**	*i m'eli*	"les miels"

— classe IIm :

u pelu	*u b'ɛlu*	"le poil"	**i peli**	*i b'ɛli*	"les poils"
u cardu	*u g'ærdu*	"le chardon"	**i cardi**	*i g'ærdi*	"les chardons"
u ditu	*u (δ)'idu*	"le doigt"	**i diti**	*i (δ)'idi*	"les doigts"

— classe If :

a pelle	*a b'el̄ɛ*	"la peau"	**e pelle**	*ɛ b'el̄ɛ*	"les peaux"
a carne	*a g'ærn̄ɛ*	"la viande"	**e carne**	*ɛ g'ærn̄ɛ*	"les viandes"
a chjave	*a dj'aɥɛ*	"la clef"	**e chjave**	*ɛ dj'aɥɛ*	"les clefs"

— classe IIf :

a donna	*a (δ)'on̄a*	"la femme"	**e donne**	*ɛ (δ)'on̄ɛ*	"les femmes"
a petra	*a b'edra*	"la pierre"	**e petre**	*ɛ b'edrɛ*	"les pierres"
a scimia	*a ʃ'imja*	"le singe"	**e scimie**	*ɛ ʃ'imjɛ*	"les singes"

(1) Nous ne considérons pas, ici, les noms oxytons comme *virtù, libertà, rè,* etc... qui ne comportent pas de désinence de genre-nombre.

(2) Ceci n'est qu'un aperçu schématique : on trouve par exemple *a m'anu* "la main", provenant d'un féminin latin en -us (4e déclinaison) qui échappe à cette classification.

Cette classification peut être figurée par le tableau suivant :

	Singulier	Pluriel	
masc.	-ɛ	-i	Im
	-u	-i	IIm
fém.	-ɛ	-ɛ	If
	-a	-ɛ	IIf

Dans le Centre-Sud, il existe également quatre classes nominales :

- classe Im : noms masculins à singulier en *-i* et pluriel en *-i.*
- classe IIm : noms masculins à singulier en *-u* et pluriel en *-i.*
- classe If : noms féminins à singulier en *-i* et pluriel en *-i.*
- classe IIf : noms féminins à singulier en *-a* et pluriel en *-i.*

Exemples : (nous ne reprenons pas, ici, l'orthographe).

— classe Im :

u m'ari "la mer"; *i m'ari* "les mers"
u p'eδi "le pied"; *i p'eδi* "les pieds"
u m'eli "le miel"; *i m'eli* "les miels"

— classe IIm :

u p'ɛlu "le poil"; *i p'ɛli* "les poils"
u k'ardu "le chardon"; *i k'ardi* "les chardons"
u δ'itu "le doigt"; *i δ'iti* "les doigts"

— classe If :

a p'edi "la peau"; *i p'edi* "les peaux"
a k'arn̄i "la viande"; *i k'arn̄i* "les viandes"
a tj'aɥi "la clef"; *i tj'aɥi* "les clefs"

— classe IIf :

a δ'on̄a "la femme"; *i δ'on̄i* "les femmes"
a p'etra "la pierre"; *i p'etri* "les pierres"
a ʃ'imja "le singe"; *i ʃ'imji* "les singes"

Cette classification peut être figurée par le tableau suivant :

	Singulier	Pluriel	
masc.	-i	-i	Im
	-u	-i	IIm
fém.	-i	-i	If
	-a	-i	IIf

Dans l'Extrême-Sud, la situation est encore différente : il y a non pas quatre mais cinq classes nominales :

- classe Im : noms masculins à singulier en *-i* et pluriel en *-i*.
- classe IIm : noms masculins à singulier en *-u* et pluriel en *-i*.
- classe IIIm : noms masculins à singulier en *-u* et pluriel en *-a*.
- classe If : noms féminins à singulier en *-i* et pluriel en *-i*.
- classe IIf : noms féminins à singulier en *-a* et pluriel en *-i*.

Exemples :

– classe Im :

u fjore	*u vj'ori*	"la fleur";	*i vj'ori*	"les fleurs"
u sole	*u s'oli*	"le soleil";	*i z'oli*	"les soleils"
u pede	*u p'eδi*	"le pied";	*i p'eδi*	"les pieds"

– classe IIm :

l'amicu	*lam'iku*	"l'ami";	*lam'iki*	"les amis"
u fjumu	*u vj'umu*	"le fleuve";	*i vj'umi*	"les fleuves"
u granu	*u r'anu*	"le grain"	*i r'ani*	"les grains"

– classe IIIm :

u lettu	*u l'ɛt̄u*	"le lit";	*i l'ɛt̄a*	"les lits"
u pilu	*u p'ilu*	"le poil";	*i p'ila*	"les poils"
u ditu	*u δ'itu*	"le doigt";	*i δ'ita*	"les doigts"

– classe If :

a pelle	*a p'eḍi*	"la peau";	*i p'eḍi*	"les peaux"
a carne	*a k'ar̄i*	"la viande;	*i k'ar̄i*	"les viandes"
a chjave	*a tj'aɥi*	"la clef";	*i tj'aɥi*	"les clefs"

– classe IIf :

a donna	*a δ'ɔn̄a*	"la femme";	*i δ'ɔn̄i*	"les femmes"
a petra	*a p'etra*	"la pierre";	*i p'etri*	"les pierres"
a scimia	*a ʃ'imja*	"le singe";	*i ʃ'imji*	"les singes"

Cette classification peut être figurée par le tableau suivant :

	Singulier	Pluriel	
masc.	-i	-i	Im
	-u	-i	IIm
	-u	-a	IIIm
fém.	-i	-i	If
	-a	-i	IIf

A l'origine des différences de classifications nominales entre les parlers corses peuvent intervenir des facteurs phonologiques : il est clair que le fait que les systèmes vocaliques de l'Extrême-Sud et du Centre-Sud soient réduits à 3 voyelles : *a, i, u* en position atone joue un rôle important; mais la différence ne saurait être tout entière mise sur le compte de la phonologie, comme le souligne J. B. Marcellesi dans son article sur les pluriels en *-a*. Des études de phonologie et de morphologie diachroniques seraient nécessaires pour faire la lumière sur ces faits que nous nous sommes bornés à évoquer.

LA MORPHOLOGIE DU VERBE, QUELQUES REMARQUES.

L'étude des formes verbales constitue une des tâches les plus considérables de la morphologie, en raison de la complexité des mécanismes mis en œuvre, et de l'extrême diversité — fût-elle seulement apparente — sous laquelle se présentent les formes. C'est assez dire qu'une étude qui prendrait en compte toute la morphologie du verbe corse nécessiterait la présentation d'une masse de faits — et, d'ailleurs, d'hypothèses — telle qu'elle dépasserait, de très loin, le cadre de cet ouvrage. Par ailleurs, il est, dans l'état actuel des recherches, impossible, particulièrement en ce qui concerne la morphologie verbale, de traiter de *la* langue corse; les formes verbales présentent en effet, d'un bout à l'autre de l'île, une certaine diversité. C'est pourquoi nous nous en tiendrons à un parler, celui de Veru, pour lequel quelques éléments d'une étude morphologique existent déjà. C'est dire que les formes étudiées — et, par conséquent, leur explication — ne sont pas valables, et il s'en faut, pour l'ensemble de la langue corse. On peut penser qu'une étude comparative approfondie, qui tiendrait compte également des divergences d'ordre phonologique, aurait pour résultat de montrer que bien des différences ne sont finalement que très superficielles.

Pour nous, ici, pour toutes ces raisons, il ne saurait être question de prétendre à l'exhaustivité. Rappelons le but que nous avons assigné à cet ouvrage : montrer que la linguistique moderne peut, bien souvent, éclairer les mécanismes de la langue, et par conséquent faire apparaître des régularités profondes, sous des phénomènes de surface parfois fort disparates. Nous essaierons de justifier ce propos par quelques éléments empruntés à la morphologie verbale.

Étudier un système verbal, dans la perspective que nous avons définie au début de ce chapitre, consiste, entre autres, à établir quels sont les formants utilisés par le système verbal et quelles sont les règles de combinaison de ces formants entre eux. L'analyse démontre qu'une forme verbale se compose d'une racine, éventuellement d'une voyelle thématique, d'un ou plusieurs suffixes de temps-mode et d'une désinence de personne-nombre (3).

Ainsi **cantà** a pour racine **cant-** qui exprime la notion de "chant" et que l'on retrouve dans **cantata** "partie de chant", **cantichjulà** "chantonner", etc... De même **more** a pour racine **mor-** qui exprime la notion de "mort" et que l'on retrouve dans **morte** "mort", **murtoriu** "glas" etc...

A la racine verbale s'adjoint parfois une voyelle thématique, par exemple *-a* dans les verbes du type **cantà**. Cette voyelle, qui s'adjoint à une racine terminée par une consonne, ne porte pas de sens, mais caractérise une classe. La séquence racine + voyelle thématique constitue un thème. Il est possible, à partir de là, d'esquisser une rapide classification des thèmes verbaux du parler de Veru. Une première partition sera opérée en fonction de la présence ou de l'absence d'une voyelle thématique : on distinguera ainsi les conjugaisons thématiques des conjugaisons athématiques. Notons en passant qu'une conjugaison thématique apparaît toujours comme plus "régulière" qu'une conjugaison athématique : la présence d'une voyelle, identique dans tous les cas, a pour effet d'unifier considérablement le radical auquel s'adjoignent suffixe et désinences. Il ne se produit pas, par conséquent, dans ces conjugaisons, d'"accidents", aux frontières entre les formants, qui sont dûs, dans les conjugaisons athématiques, à la rencontre fortuite entre les éléments — consonnes ou voyelles — qui apparaissent à la finale du radical et ceux qui figurent à l'initiale des suffixes. Il peut se faire, en effet, que la rencontre entre les éléments viole les lois phonologiques de la langue. Prenons un exemple : l'analyse phonologique a montré que, dans notre parler, certains groupements de consonnes étaient interdits; nous savons d'autre part qu'un mot corse ne peut se terminer par une consonne. Or, dans certains cas, l'adjonction de la désinence au thème verbal produit des résultats qui vont à l'encontre de ces règles. C'est le cas, par exemple, pour les formes de troisième personne du singulier et troisième personne du pluriel des verbes athématiques, au présent de l'indicatif. On peut, en effet, par une étude globale du système verbal du corse de Veru, établir que la désinence de troisième personne du singulier est zéro. La convention habituelle pour noter cette absence est le symbole ø, que nous utilisons : cf. **canta** *k̄'ant̄a* "il chante" (où *-a-* est la voyelle thématique); on

---

(3) Pour des raisons de commodité, nous conserverons, par simple convention, les appellations traditionnelles de temps, de mode, d'indicatif, de subjonctif, de présent, de futur, etc... Quant aux désinences de personne-nombre, nous les désignerons ainsi et les étudierons globalement car on a affaire ici à un phénomène d'amalgame : il semble difficile, et d'ailleurs peu fécond, d'analyser, sur le plan de l'expression, ces désinences en désinence de personne + désinence de nombre. Cela supposerait, en effet que dans la désinence de première personne du pluriel, par exemple, apparaissent deux éléments, dont l'un devrait figurer dans le désinence de première personne du singulier et l'autre dans les désinences de deuxième et troisième personnes du pluriel, ce qui n'est manifestement pas le cas. Nous parlerons donc, globalement, de la désinence de première personne du singulier, deuxième personne du singulier... troisième personne du pluriel.

peut, d'autre part, établir que la désinence de troisième personne du pluriel est *-ni* : cf. **cantani** [4] *k̄'ant̄ani* "ils chantent" (où *-a-* est également la voyelle thématique. Si l'on adjoint ces désinences au thème d'un verbe athématique, par exemple le verbe **dorme** *d'orm̄a* "dormir", on obtient :

— |d'orm-ø| pour la troisième personne du singulier,

et

— |d'orm-ni| pour la troisième personne du pluriel.

Or, ces deux formes sont phonologiquement impossibles. La langue va réagir en introduisant une voyelle d'appui, ou voyelle épenthétique, là où c'est nécessaire. Cette voyelle épenthétique, en corse de Veru, est *-i-*. On obtient ainsi les formes "correctes", c'est-à-dire *d'orm̄i* "il dort", *d'orm̄ini* "ils dorment". Ce phénomène d'épenthèse est d'ailleurs très important dans l'ensemble de la morphologie du corse, en raison des lois phonologiques très strictes qui pèsent sur la distribution des consonnes.

Citons quelques verbes athématiques [5] :

	Thème		
fughje	*f'udja*	"fuir"	|f'udj|
sdrughje	*zdr'udja*	"fondre"	|zdr'udj|
teme	*t̄'ɛma*	"craindre"	|t̄'ɛm|
cresce	*kr'eʃa*	"croître"	|kr'eʃ|
crede	*kr'eða*	"croire"	|kr'eð|
vende	*v'ɛnda*	"vendre"	|v'ɛnd|
vene	*v'ɛna*	"venir"	|v'ɛn|
tene	*t̄'ɛna*	"tenir"	|t̄'ɛn|
dorme	*d'orm̄a*	"dormir"	|d'orm̄|
bolle	*b'ɔda*	"bouillir"	|b'ɔd|
sorte	*s'ort̄a*	"sortir"	|s'ort̄|
arroste	*ar̄'osta*	"rôtir"	|ar̄'ost|
veste	*v'esta*	"vêtir"	|v'est|
cosge	*k̄'oz̧a*	"coudre"	|k̄'oz̧|
vede	*v'ɛða*	"voir"	|v'ɛð|
chjode	*tj'ɔða*	"fermer"	|tj'ɔð|, etc...

Il faut également inclure dans la classe des athématiques les verbes monosyllabiques en *-'a*, du type **stà** *st'a* "rester", **dà** *d'a* "donner", etc... : en effet, le *-'a* qui porte l'accent n'est pas ici la voyelle thématique, mais la voyelle radicale. Cette interprétation permet de comprendre certaines formes des verbes en *'a*, qui apparaissent comme anormales si l'on range ces verbes dans la même classe que *k̄ant̄'a* : nous y reviendrons par la suite.

(4) Dans notre région, les 1ère, 2e et 3e personnes du pluriel se terminent par *i* = *-mi, -ti, -ni*.

(5) Rappelons qu'il s'agit ici d'une classification très sommaire : il faudrait, à l'intérieur de la classe des athématiques, subdiviser encore en fonction du participe passé, etc...

A l'intérieur de la classe des thématiques, une nouvelle partition peut être opérée en fonction de la nature de la voyelle thématique.

— Les verbes en *-a* sont de loin les plus nombreux, et les plus "réguliers" : on remarque d'ailleurs que lorsqu'un nouveau verbe est créé ou assimilé par la langue (emprunts...) c'est dans cette classe qu'il vient se ranger. Citons quelques verbes appartenant à cette classe :

			Thème
cantà	*k̄ant̄'a*	"chanter"	|k̄'ant̄-a|
ballà	*bad'a*	"danser"	|b'ad-a|
cumprà	*k̄umpr'a*	"acheter"	|k̄'ɔmpr-a|
aspettà	*aspit̄'a*	"attendre"	|asp'et̄-a|
runcà	*r̄uŋk̄'a*	"braire"	|r̄'ɔŋk̄-a|
piscà	*p̄isk'a*	"pêcher"	|p̄'ɛsk-a|
falà	*fal'a*	"descendre"	|f'al-a|
filà	*fil'a*	"filer"	|f'il-a|
amparà	*amp̄ar'a*	"apprendre"	|amp̄'ar-a|, etc...

— Les verbes en ϵ sont également des verbes thématiques : la voyelle ϵ, caractéristique de cette conjugaison, apparaît, par exemple, à l'infinitif, où elle porte l'accent. Le fait d'être accentué sur la dernière syllabe à l'infinitif est d'ailleurs caractéristique, sauf pour les verbes monosyllabiques évidemment, des verbes thématiques.

Les verbes thématiques en -ϵ- sont les suivants (liste close) :

			Thème
vulè	*vul'ϵ*	"vouloir"	|v'ol-ϵ|
pudè	*p̄uđ'ϵ*	"pouvoir"	|p̄'ođ-ϵ|
sapè	*sap'ϵ*	"savoir"	|s'ap-ϵ|
avè	*aw'ϵ*	"avoir"	|'aw-ϵ|
parè	*p̄ar'ϵ*	"sembler"	|p̄'ar-ϵ|

Ce dernier verbe est d'ailleurs défectif : il possède un nombre de formes extrêmement réduit. Les verbes en -ϵ- apparaissent comme moins réguliers que les précédents. Une des raisons essentielles de ces "irrégularités" est sans doute constituée par le fait que, à certaines formes, la deuxième syllabe du thème (la syllabe contenant -ϵ-) peut tomber. C'est ainsi que, pour expliquer les deux formes **sai** *s'ai* "tu sais" et **sapeti** *sap'ϵti* "vous savez" du verbe **sapè** *sap'ϵ* "savoir", il faudra poser, respectivement, un thème |s'a |, et un thème |s'apϵ|. Cette possibilité d'effacement de la syllabe finale du thème est d'ailleurs utilisée de manière spéciale par le verbe avoir. Ce verbe possède en effet, aux première et deuxième personnes du pluriel, les formes suivantes :

avemi	*aw'ϵmi*	et **emi**	*'ϵmi*	: "nous avons"
aveti	*aw'ϵti*	et **eti**	*'ϵti*	: "vous avez"

Les formes *aw'ɛmi* et *aw'ɛti* s'expliquent par un radical |'aw-ɛ|, alors que les formes *'ɛmi* et *'ɛti* s'expliquent par un radical |'a|. On remarque que la langue utilise ces doublets de manière complémentaire : les formes syncopées semblent réservées à l'emploi comme auxiliaire, alors que les autres sont plutôt employées lorsque le verbe a son sens plein. C'est ainsi que l'on dira **eti dettu** *'ɛti đ'ɛt̄u* : "vous avez dit", mais **quantu n'aveti** *kw'antu naw'ɛti* "combien en avez-vous" ?

Il existe enfin une autre classe de verbes thématiques : il s'agit des verbes thématiques en *-i-* suffixés en *-ʃ*. Citons quelques-uns de ces verbes :

			Thème
capisce	*k̄ap'iʃa*	"comprendre"	|k̄ap'iʃ|
finisce	*fin'iʃa*	"finir"	|fin'iʃ|
allinisce	*al̄in'iʃa*	"adoucir"	|al̄in'iʃ|
sturdulisce	*sturdul'iʃa*	"étourdir"	|sturdul'iʃ|
assabiisce	*asabj'iʃa*	"assagir"	|asabj'iʃ|
indibulisce	*indibul'iʃa*	"affaiblir"	|indibul'iʃ|, etc...

Le suffixe *-ʃ-*, caractéristique de cette classe de verbes, possède un sens "inchoatif" c'est-à-dire qu'il insiste sur le déroulement de l'action exprimée par le verbe. Ce suffixe n'est d'ailleurs pas présent à toutes les formes. Il est absent aux formes suivantes :

— indicatif présent : première et deuxième personnes du pluriel.
— indicatif imparfait : toutes les personnes.
— subjonctif imparfait : toutes les personnes.
— passé simple : toutes les personnes
— participe passé

A l'infinitif existent simultanément la forme suffixée et la forme non-suffixée. C'est ainsi que l'on a des doublets : **fini** *fin'i* et **finisce** *fin'iʃa*, **capi** *kap'i* et **capisce** *k̄ap'iʃa*, etc... On peut penser que ces verbes, thématiques en *-i-* à l'origine, ont été par la suite remodelés sur la classe des athématiques, par suite de l'adjonction du suffixe *-ʃ* : les formes du type **fini** *fin'i* ressemblent beaucoup aux formes du type **cantà** *k̄ant̄'a*. En revanche, les formes du type **finisce** *fin'iʃa* ressemblent plutôt aux formes du type **dorme** *d'orm̄a*.

A la suite du thème verbal (racine + voyelle thématique + suffixe du type *-ʃ*, éventuellement) se trouvent le ou les suffixes de temps-mode. Les temps-modes, en corse du Centre-Sud sont au nombre de dix. Ce sont les suivants : présent de l'indicatif, imparfait de l'indicatif, futur de l'indicatif, conditionnel (une seule forme), présent du subjonctif, imparfait du subjonctif, passé-simple, participe présent, participe passé, infinitif. Ce que l'on appelle les "temps composés" sont précisément formés par composition de deux ou plusieurs des formes énumérées ci-dessus : ils ne nous intéressent donc pas ici, puisque nous avons fixé comme but à notre étude l'inventaire des formants entrant dans la composition des formes verbales, et que les "temps composés" n'utilisent pas de nouveaux formants. Par ailleurs, nous n'avons pas fait figurer l'impératif dans l'inventaire des temps-modes. C'est que nous pensons que ses formes ne sont jamais originales. Elles sont empruntées tantôt à l'indicatif : **canta** *k̄'ant̄a* "chante" (c'est le thème nu, c'est-à-dire sans désinence, qui apparaît), tantôt au subjonctif : **sapia** *s'apja* "sache", etc...

Quant aux temps-modes "simples", que nous avons énumérés ci-dessus, on peut dire, en gros, qu'ils sont formés chacun à l'aide d'un suffixe particulier, qui porte le sens d'"indicatif présent", "subjonctif imparfait", etc... En fait les choses sont légèrement plus complexes. Disons tout d'abord que le signifiant correspondant à l'un de ces signifiés peut apparaître sous la forme zéro : c'est le cas du présent de l'indicatif, qui est précisément marqué, par rapport à l'ensemble des temps-modes, par l'absence de toute marque. En effet, dans une forme comme **canta** *k̄'ant̄a* apparaissent seulement, sur le plan de l'expression, la racine et la voyelle thématique. Au signifié "présent de l'indicatif" correspond un signifiant zéro — de même, d'ailleurs, qu'au signifié "troisième personne du singulier".

D'autre part, on peut dire que certains temps-modes apparaissent, sur le plan du signifiant comme sur le plan du signifié, comme le résultat de la combinaison de certains éléments, existant par ailleurs, et pourraient donc, d'une certaine manière, être considérés comme des temps composés : nous examinerons, dans cette optique, les modes de formation du futur, de l'imparfait de l'indicatif et du conditionnel.

Regardons tout d'abord la manière dont est formé le futur. Considérons par exemple le futur de **cantà** *k̄ant̄'a* . On a les formes : **cantaraghju** *k̄ant̄ar'adju*, **cantarè** *k̄ant̄ar'ɛ*, **cantarà** *k̄ant̄ar'a*, **cantaremi** *k̄ant̄ar'ɛmi*, **cantareti** *k̄ant̄ar'ɛti*, **cantarani** *k̄ant̄ar'ani*. On donne généralement, pour "désinences" de ces formes, **-araghju** *-ar'adju*, **-arè** *-ar'ɛ* etc... Il faut avouer que cela est bien peu économique, et pas du tout explicatif. Un examen même superficiel de ces formes montre tout d'abord qu'elles sont toutes construites sur une base |k̄ant̄ar| : on peut donc placer une première frontière après *-r-*, et considérer que *-ar-* fait partie de la base du futur et non pas de la désinence, sinon pourquoi se répéterait-il à toutes les personnes ?

Quant à cette base *k̄ant̄ar* ainsi obtenue, elle ne nous est pas inconnue. L'étude morphologique synchronique comme d'ailleurs l'étude diachronique établissent que telle a dû être la forme de l'infinitif. Cela est d'ailleurs largement attesté par des textes qui remontent à peine au siècle passé. On comprend comment on est passé par la suite de la forme **cantàr** *k̄ant̄'ar* à la forme **cantà** *k̄ant̄'a* : nous avons en effet dégagé une loi, dans l'étude synchronique de notre parler, qui stipule qu'aucune syllabe finale d'unité accentuelle ne peut être fermée par une consonne. Mais on comprend également comment ce *-r-* a pu se maintenir lorsqu'il n'était pas en finale absolue, mais qu'il était suivi d'une "désinence", ce qui est le cas ici, au futur.

On peut donc établir que le futur est formé à partir de l'infinitif. Quant aux "désinences" qui suivent, si l'on néglige provisoirement quelques détails de surface, on se rend compte que l'on a affaire purement et simplement, ici, aux formes du présent du verbe "avoir". On a en effet les désinences : **-aghju** *-'adju*, **è** *-'ɛ*, **-à** *'a*, **-emi** *-'ɛmi*, **-eti** *-'ɛti*, **-ani** *-ani*. Les petits détails de surface se laissent d'ailleurs aisément expliquer : pour ce qui concerne les formes **emi** *'ɛmi* et **eti** *'ɛti*, nous avons vu ci-dessus qu'elles étaient des doublets des formes **avemi** *aw'ɛmi* et **aveti** *aw'ɛti*, et qu'elles semblaient réservées à l'emploi comme auxiliaire, ce qui est précisément le cas ici.

La forme **-è** *-'ɛ* est peut-être plus délicate à expliquer. La deuxième personne du présent de l'indicatif du verbe "avoir" est en effet non pas *'ɛ* mais *'ai*. Mais il semble que l'on puisse légitimement supposer que la forme *'ai* s'est contractée en *'ɛ* : c'est ce qu'il faut poser, par exemple, pour expliquer comment l'on passe de |kant̄'a-imi| à **cantemi** *kant̄'ɛmi*, etc... Par ailleurs — on le verra par la suite — c'est exactement le même processus phonétique qui convertit, dans certaines conditions, la séquence *'au* en *'ɔ* , de manière exactement symétrique. Nous admettons donc que le *'ɛ* qui apparaît ici est le résultat de la contraction de la forme de deuxième personne du présent de l'indicatif du verbe "avoir" (6).

Le futur semble donc pouvoir être analysé comme la combinaison de l'infinitif et du présent du verbe "avoir". Notons que cette hypothèse est solidement établie d'un point de vue historique : on sait en effet que ce mode de formation du futur, né d'une tournure périphrastique du bas-latin, est abondamment attesté dans les langues romanes. Par ailleurs, il faut sans doute mettre cela en rapport avec une tournure existant en corse d'aujourd'hui et possédant la valeur du futur, du type :

aghju da manghjà	*'adju ða manj'a*	"je vais manger"
hà da vena	*'a da ɥ'ɛna*	"il va venir", etc...

où la notion de futur est également exprimée par le présent du verbe "avoir", et l'infinitif.

---

(6) Certaines régions présentent une forme de deuxième personne du singulier du futur en *-'ai* : il s'agit de la forme attendue, d'après notre hypothèse, et qui apparaît comme plus archaïque. Cela concerne, entre autres, le parler d'Auddè : *k̄ant̄ar'ai* "tu chanteras". Par ailleurs, on constate, curieusement, dans certaines régions, des formes en *-'ɛi*. Il semble qu'il s'agisse, ici, d'une restructuration : *-'ai* aboutit, selon notre hypothèse, à *-'ɛ*. Tout se passe comme si le sentiment d'origine de ce *-'ɛ* < *-'ai* était perdu : *-i* étant, par ailleurs, la désinence normale de deuxième personne du singulier, on l'adjoint à la suite du *-'ɛ*. Une forme comme *kantar'ɛi* contient donc deux fois la désinence *-i* : *'ai-i* (cf. ci-dessous, un phénomène de même nature pour la première personne du singulier des verbes en *'a*).

Considérons à présent les formes du conditionnel. On a, pour le verbe **cantà** *k̄ant̄'a* par exemple : **cantarïa** *k̄ant̄ar'ija*, **cantarïi** *k̄ant̄ar'iji*, **cantarïa** *k̄ant̄ar'ija*, **cantarïami** *k̄ant̄ar'ijami*, **cantarïati** *k̄ant̄ar'ijati*, **cantarïani** *k̄ant̄ar'ijani*. Ici encore, même chose que pour le futur : les grammaires classiques donnent, comme "désinences" : *ar'ija, ar'iji* etc... Or, si l'on rapproche ces formes de celles de futur, on constate qu'elles ont une partie commune, la base *k̄ant̄'ar*, que nous avons analysée comme un infinitif. La deuxième partie de cette marque de conditionnel se présente sous la forme *'ija* (7). Or, cela n'est autre que le suffixe d'imparfait (8). On a en effet **durmïa** *durm̄'ija* "il dormait", **vinïa** *vin'ija* "il venait", etc... Le conditionnel est donc formé à partir de l'infinitif, c'est-à-dire à partir de la base qui sert à former le futur, par adjonction du suffixe d'imparfait. Ce qui revient à analyser le conditionnel comme un futur dans le passé et qui se trouve corroboré par des exemples comme **dice ch'ellu vinarà** "il dit qu'il viendra" en face de : **dicïa ch'ellu vinarïa** "il disait qu'il viendrait" où **vinarïa** est dans le même rapport avec **dicïa** que **vinarà** avec **dice**; **vinarà** est un futur par rapport au présent **dice**, **vinarïa** est un futur par rapport au passé **dicïa**. Sur le plan du signifiant, l'aspect "futur" est marqué par le suffixe *-ar-*, suffixe d'infinitif servant de base au futur, et l'aspect "passé" est marqué par *-'ija-* suffixe d'imparfait.

A la suite des suffixes de temps-mode, c'est-à-dire en finale du syntagme minimal constituant le verbe, apparaissent les désinences de personne-nombre. Il serait économique d'établir pour chacune des désinences de personne-nombre l'existence d'un signifiant unique. A partir de ce signifiant de base doivent pouvoir se déduire les réalisations particulières : celles-ci sont en effet souvent disparates, en raison des "accidents" d'ordre phonétique qui peuvent se produire. L'analyse morphologique s'efforce de faire apparaître les régularités profondes au-delà des phénomènes de surface, souvent divergents, qui les masquent.

Nous prendrons ici, pour illustrer notre propos, un cas qui nous semble caractéristique : c'est celui de la désinence de la première personne du singulier, qui apparaît au présent de l'indicatif (9). Un examen de l'ensemble du système verbal nous conduit à poser, pour cette désinence, une forme |u|. On explique

---

(7) Nous supposons que la marque *-'iji*, qui apparaît à la deuxième personne du singulier, résulte de l'adjonction de la désinence *-i* de deuxième personne au suffixe *-'ija*, comme nous supposons que *k̄'ant̄i* résulte de |k̄'ant̄a-i|.

(8) Le suffixe d'imparfait des verbes en *-a* (thématiques, du type *k̄ant̄'a* ou athématiques, du type *st'a* est non pas *-'ija* mais *-'awa* : *k̄ant̄'awa* "il chantait", *st'awa* "il restait", etc... dans notre parler. Cela ne semble cependant pas général : à Auddè, par exemple, on dit *k̄ant̄'ija* "il chantait", etc...

(9) A tous les autres temps-modes, cette désinence apparaît, dans notre parler, comme zéro : on aura donc intérêt à considérer qu'il s'agit ici tout autant d'un suffixe de temps-mode que d'une désinence de personne-nombre.

ainsi : **dormu** *d'orm̄u* "je dors" : base |d'orm̄-u|, **sortu** *s'ort̄u* "je sors" base : |s'ort̄-u|, etc... En ce qui concerne les verbes thématiques, du type **cantà** *k̄ant̄'a* par exemple, on supposera que la rencontre des deux voyelles atones, *a - u* c'est-à-dire la voyelle thématique et la désinence, aboutit à *-u*, par effacement de la première voyelle : cette règle est largement attestée par ailleurs. On a ainsi : **cantu** *k̄'ant̄u* "je chante", base |k̄'ant̄a-u|, **manghju** *m̄'anju* "je mange", base |m̄'anja-u|, etc... : l'ensemble des formes de première personne du singulier du présent de l'indicatif du parler de Veru se laisse aisément expliquer ainsi.

Mais un certain nombre de formes apparaissent comme "irrégulières", et semblent ne pas obéir à la même règle. Il s'agit des formes de première personne du présent de l'indicatif des verbes athématiques en *'a*. On a en effet : **stò** *st'ɔ* "je reste", **dò** *d'ɔ* "je donne", **vò** *v'ɔ* "je vais". On a d'ailleurs des formes analogues pour : **sò** *s'ɔ* "je suis", et **sò** *s'ɔ* "je sais".

Pour les trois premières formes, nous avons vu ci-dessus qu'elles sont construites à partir d'un thème monosyllabique en *-'a* : |st'a|, |d'a|, |v'a|, qui est un des deux thèmes sur lesquels est construit le verbe "aller", le second étant |anda|. La forme *s'ɔ* "je sais" s'explique à partir d'un thème |s'a| lui-même issu de |s'apɛ| : nous avons vu en effet ci-dessus que les verbes thématiques en *ɛ* se caractérisent par la chute possible de la dernière syllabe du thème. Quant à la forme |s'ɔ| "je suis", elle suppose également que l'on pose, pour expliquer bon nombre des formes du verbe "être", un radical |s'a| : c'est le cas, notamment, pour le futur, puisque l'on a : **saraghju** *sar'adju* "je serai".

Toutes ces formes ont donc en commun :
— de se terminer, à la première personne du présent de l'indicatif, par *'ɔ*.
— de posséder un thème en *'a*.

Nous expliquerons les formes en *'ɔ* par l'adjonction, au thème en *'a*, de la désinence normale de première personne, c'est-à-dire *-u*. Phonétiquement, cela est tout-à-fait courant : on peut supposer que *'a - u* passe à *'ɔ* par l'intermédiaire d'une diphtongue *'aw*. Le même phénomène a dû d'ailleurs se produire dans la série des voyelles antérieures, puisque nous avons vu ci-dessus que le *-'ɛ* de la deuxième personne du singulier du futur laissait supposer un ancien *'a - i*. Par ailleurs, pour le passage de la séquence *'a - u* à *'ɔ*, largement attesté dans les autres langues romanes, on en a en corse même, pour ainsi dire des "preuves historiques" : le cas du doublet **favula** *f'awula* (demi-savant), **fola** *f'ɔla* (populaire), qui signifient "histoire", est significatif. Le *'ɔ* du second représente le résultat de la contraction de *'a - u* du premier après la chute de la consonne. On a même des paires comme **causa** *k'auza* "cause" et **cosa** *k'ɔza* "chose".

Ces formes en *'ɔ* apparaissent donc comme tout à fait "normales" : elles ne sont "différentes" qu'en surface, et se laissent en fait expliquer par la règle d'adjonction de *u* à la première personne du singulier du présent de l'indicatif. Les différences de surface sont finalement dues à un "accident phonétique".

Il n'en reste pas moins vrai que les formes en |-ɔ| sont finalement fort peu nombreuses parmi l'ensemble des formes verbales, et qu'elles risquent, par conséquent, d'être ressenties comme irrégulières par les locuteurs. Tout se passe comme si la langue réagissait contre ce danger en imaginant un curieux processus de restructuration analogique que nous voudrions évoquer ici.

Il faut dire tout d'abord qu'il existe, à Veru, comme d'ailleurs un peu partout en Corse, un infixe caractéristique de la première personne du présent de l'indicatif, et qui apparaît comme *-g-*. Les conditions d'apparition de ce *-g-*, si elles sont aisées à cerner dans le cas général, le sont moins dans le détail. On peut dire que, à Veru, ce suffixe *-g-* apparaît à la première personne du singulier (et à toutes les personnes du subjonctif présent, mais cela ne nous intéresse pas ici) des verbes athématiques dont le radical se termine par *n, l,* ou *r,* c'est-à-dire par une consonne pouvant être finale de syllabe. C'est ainsi que l'on a :

vengu *v'ɛŋgu* "je viens". Base : |v'ɛn-g-u|
pongu *p̄'ɔŋgu* "je pose". Base : |p̄'ɔn-g-u|
morgu *m̄'orgu* "je meurs". Base : |m̄'or-g-u|, etc...

Le processus s'étend même — sans toutefois que cela soit parfaitement régulier — aux verbes dont la racine est terminée par *lj* ou *nj* : le *j* disparaît alors. C'est ainsi que l'on a :

scelgu *ʃ'elgu* "je choisis" sur **sceglie** *ʃ'elja.* Base : |ʃ'el j -g-u|
piengu *pj'ɛŋgu* "je meurs" sur **piegne** *pj'ɛnja.* Base : |pjɛn j -g-u|
etc...

Même les verbes thématiques en *-a-* sont touchés par ce phénomène, ce qui suppose la chute, à ces formes, de la voyelle thématique. On a par exemple :

falgu *f'algu* "je descends" sur **falà** *fal'a.* Base : |f'al(a)-g-u|
ghjurgu *dj'urgu* "je jure" sur **ghjurà** *djur'a.* Base : |dj'ur(a)-g-u|
etc...

D'autre part, on constate également l'apparition de ce suffixe, dans des conditions assez délicates à déterminer, dans le cas de certains verbes considérés par ailleurs comme "irréguliers". On remarque, sans vraiment pouvoir en tirer de règle, qu'il s'agit de verbes athématiques, dont le thème est terminé par une consonne très faible, qui aurait la possibilité de s'effacer.

On a par exemple :

bigu *b'igu* "je bois", sur **bije** *b'ija*
vegu *v'ɛgu* "je vois", sur **vede** *v'eđa* etc...

La langue va utiliser ce procédé de formation afin de "normaliser" la première personne du singulier du présent de l'indicatif des verbes athématiques en *'a*. C'est ainsi que l'on aura :

vagu *v'agu* "je vois" en concurrence avec **vò** *v'ɔ*
dagu *d'agu* "je donne" en concurrence avec **dò** *d'ɔ* etc...

Mais il existe un phénomène beaucoup plus curieux que celui-ci qui n'est, somme toute, qu'une restructuration d'une forme à partir d'un thème établi par ailleurs. Ce phénomène est constitué par l'existence de formes comme :

sogu *s'ɔgu* "je sais"
dogu *d'ɔgu* "je donne"
vogu *v'ɔgu* "je vais", etc...

Ces formes, qui semblent s'étendre, sont — il n'y a bien sûr pas, ici, le moindre jugement de valeur ! — de véritables "monstres" linguistiques, car elles font intervenir, simultanément, deux modes de formation contradictoires. Voyons en effet comment les choses se passent. Dans un premier temps, on a constitution de la forme *v'ɔ* "je vais", par exemple, de manière tout à fait "normale".

|v'a-u| *v'ɔ*

Mais cette forme en *-'ɔ* est par la suite ressentie comme exceptionnelle. Elle est alors resuffixée en *-gu*, sur le modèle de *v'ɛgu* etc...

v'ɔgu : |v'ɔ-g-u|

Le problème, c'est que cette forme *v'ɔ* à laquelle s'adjoint désormais le suffixe *-g-* et la désinence de première personne *-u* contient déjà cette désinence. *v'ɔgu* doit en effet, en dernière analyse apparaître de la manière suivante :

|v'a-u-g-u|

On a donc ici un phénomène curieux de restructuration d'une forme (10). Nous avions déjà vu, ci-dessus, comment les formes de futur en *'ɛ* = *'ai* avaient été "normalisées" en *'ɛi*. Ces deux exemples tendent à montrer, nous semble-t-il, qu'une langue fonctionne véritablement comme un "système" vivant qui "cherche" à éliminer ce qui lui apparaît comme "irrégulier".

---

(10) C'est un peu un phénomène du même ordre qui permet de comprendre, en français, une forme comme "aujourd'hui". Ce mot contient un élément "hui", issu dù latin hodie, lui-même composé de hoc, démonstratif, et de dies, qui signifie "jour" : "hui" signifie donc par, lui-même, "aujourd'hui". Mais le sentiment de l'origine de cette forme s'est perdu : il est apparu nécessaire de la renforcer par l'adjonction du mot "jour", lui-même issu du latin diurnus, de la même famille que dies. La locution "aujourd'hui" est donc un pléonasme dans la mesure où elle contient deux fois le signifié "jour". Que dire alors de la tournure — jugée d'ailleurs incorrecte, mais néanmoins employée — : "au jour d'aujourd'hui" !

CHAPITRE V

APERÇU DIACHRONIQUE

Jusqu'ici, nous avons considéré la langue dans son seul aspect actuel et dans son fonctionnement à des fins de communication; au fond, nous avons essayé de répondre à la question : comment le système de la langue est-il organisé pour satisfaire aux besoins des locuteurs ? Cette perspective, dite synchronique, consiste à isoler un système linguistique de ce qui l'entoure dans l'espace comme dans le temps, afin de mettre en évidence ses propriétés. Mais la vision d'une langue doit être complétée par l'étude des relations qui lient un état de langue aux états qui l'ont précédé historiquement et aux états qui coexistent avec lui sur une aire géographique déterminée. Ces deux études, diachronique et comparative, font l'objet du présent chapitre et du chapitre suivant.

La linguistique diachronique se propose de déterminer comment et pourquoi un système linguistique a évolué au cours d'une période donnée. C'est un aperçu concernant la manière dont certains parlers corses ont évolué à partir du latin que nous voudrions donner ici, sans aborder vraiment les problèmes délicats de la causalité des changements.

Une langue, ou plus précisément un état de langue, n'est jamais qu'un point arbitrairement — et, en quelque sorte, artificiellement — isolé dans la ligne du temps : en fait, il n'y a jamais de rupture dans l'évolution d'une langue. C'est ainsi que, du latin au corse ou au portugais, ou bien, d'ailleurs, de l'indo-européen au latin ou au grec, il n'y a guère que changements très lents et très progressifs, insensibles à l'échelle humaine, et non solution de continuité. Le corse que nous tentons de décrire n'est par conséquent jamais que le résultat de l'évolution, sur un territoire donné, à un moment donné, d'un système linguistique dont on peut par ailleurs connaître — ou reconstruire — d'autres stades : indo-européen, latin archaïque, latin classique, bas latin, etc..., et qui a évolué selon sa dynamique propre ou par suite du contact avec d'autres systèmes.

Nous partirons ici d'un état de langue attesté, à savoir le latin, en entendant par là l'état que les comparatistes romanistes ont reconstitué non seulement en se servant des documents de la langue classique et post-classique mais aussi d'après l'évolution constatée dans l'ensemble des langues romanes. Concrètement, cela signifie que l'étymon latin que nous présenterons pourra être tantôt une forme classique, tantôt une forme non-classique, tantôt une forme reconstruite qui sera signalée par un astérisque.

Sans doute n'est-il pas inutile de faire ici une remarque qui, pour être triviale, ne nous semble pas moins fort importante : le fait de privilégier deux points sur l'axe du temps, en l'occurrence le latin et le corse, et de décrire cet axe du temps comme un continuum, n'enlève rien au caractère "systématique" de l'état de langue figuré par chacun des points du continuum, c'est-à-dire de chacun des stades de l'évolution de la langue. Il faut absolument, en effet, abandonner la conception naïve qui consiste à croire qu'il y a deux "langues", le latin et le corse en l'occurrence, et, entre les deux, quelque chose d'informe et d'instructuré qui serait soit du "mauvais" latin, soit du corse non encore "formé". En chaque point de l'axe du temps, il existe bel et bien un système linguistique structuré, avec ses lois de fonctionnement propres, etc..., c'est-à-dire une langue.

Un autre aspect des choses, lié d'ailleurs à celui-ci, est que, retracer l'évolution d'une langue à partir de sa "source", c'est-à-dire, pour nous, retracer l'évolution du latin au corse, ne doit pas se borner à établir des relations métachroniques entre les éléments d'une langue et les éléments correspondants de l'autre langue; c'est-à-dire, si l'on veut, à retracer l'histoire des sons et des "mots". S'agissant de langue, on ne peut comparer que des systèmes, ou, plutôt, des systèmes de systèmes. Or, en chacun des deux points que nous avons privilégiés, le latin classique et le corse de la fin du XXe siècle, il existe un système linguistique. C'est-à-dire que chaque élément appartenant à l'une et l'autre langue, que ce soit un élément phonologique, morphologique, etc..., se situe à l'intérieur de chacun de ces systèmes, est défini par l'ensemble de ses relations aux autres éléments de ce système, en tire son identité : c'est là le principe fondamental du structuralisme. Il faudra donc, pour comparer le latin au corse, et voir comment celui-ci se déduit de celui-là, établir quels sont les sons de l'une et l'autre langue, quels sont leurs systèmes phonologique, morphologique, syntaxique respectifs. Il faudra également prendre en compte la sémantique et étudier ce que l'on appelle les "changements de sens" etc... Il faut bien se rendre compte du fait que lorsqu'on dit qu'un élément, disons un mot corse "est" un mot latin, c'est toujours par un abus de langage : même si un mot corse est identique, pris isolément, à un mot latin, il ne peut "être" ce mot latin car, appartenant à la langue corse, il entretient avec l'ensemble de cette langue des rapports qui ne sont pas ceux qu'il entretient avec l'ensemble de la langue latine. L'étude diachronique doit donc se fixer pour but d'établir les correspondances qui existent entre le système linguistique que représente la langue source, à savoir, ici, le latin, et le système linguistique de la langue d'arrivée, ici le corse de la fin du XXe siècle.

Cet objectif, purement descriptif, doit d'ailleurs être dépassé : il faut en effet expliquer pourquoi et comment on est passé de ce système d'origine au système actuel, quelles ont été les innovations, pourquoi et comment elles ont pu se produire (facteurs internes, facteurs externes), en quoi elles ont entraîné des modifications du système, etc... : cela constitue la phase ultime du travail.

Il est bien évident qu'un tel travail, aujourd'hui, est loin d'être fait : la parenté génétique qui existe entre le latin et le corse est évidente, mais le cheminement qui conduit du latin aux parlers corses actuels est loin d'être clair. Nous voudrions simplement, ici, amorcer la première phase de ce travail. Celle-ci consiste à établir entre le latin et le corse des rapports d'éléments à éléments, essentiellement au niveau de la phonétique. Chaque fois que cela nous semblera possible, nous tenterons, sinon de résoudre, du moins de soulever les problèmes de phonologie diachronique qui se posent. Mais le lecteur devra ne pas perdre de vue que les résultats présentés dans ce chapitre doivent s'insérer dans le travail global d'établissement de la parenté génétique que nous venons d'évoquer : ils n'en constituent qu'une toute petite partie.

L'ACCENT.

Les phénomènes d'accentuation jouent un rôle important dans le passage du latin aux diverses langues romanes : la place de l'accent dans l'unité accentuelle détermine en effet en grande partie l'évolution de cette dernière. C'est pourquoi il semble nécessaire de caractériser très rapidement l'accent latin, et d'indiquer son évolution en corse.

Le latin connaissait un accent, c'est-à-dire un procédé de mise en valeur d'une syllabe de l'unité accentuelle ou, plus exactement, un procédé de délimitation de deux zones — accentuée et non accentuée — à l'intérieur de l'unité accentuelle. Cet accent était probablement, à basse époque, un accent d'intensité, c'est-à-dire un accent de même type que celui qui existe en corse d'aujourd'hui : l'accent tonique du corse est donc, phonétiquement, directement hérité de l'accent latin.

Cependant, cet accent, en corse, n'est plus, structuralement, l'accent du latin. Nous avons dit ci-dessus que, lorsqu'on comparait deux langues, c'était les systèmes de ces langues qu'il fallait comparer, et non les éléments : l'exemple de l'accent nous semble, à ce titre, significatif. Si, en effet, l'accent du corse "est", phonétiquement, l'accent du latin — ou du moins, du bas latin —, phonologiquement, il n'en est rien : de fixe qu'il était en latin, l'accent est devenu libre, ou semi-libre en corse. Il ne joue donc pas le même rôle.

L'accent du latin était, en effet, un accent fixe, ou, plus précisément, un accent entièrement prévisible. Ce phénomène était lié à l'existence, en latin classique, d'une opposition de quantité en ce qui concerne les voyelles : le latin classique possédait en effet des voyelles brèves et des voyelles longues (cf.

infra). La place de l'accent dans l'unité accentuelle était déterminée par la quantité des voyelles, selon la règle suivante : la dernière syllabe du mot ne comptant pas (étant inaccentuable, elle pouvait être indifféremment brève ou longue), l'accent se place sur l'avant-dernière syllabe si celle-ci est longue, ou sur l'avant-avant-dernière syllabe si l'avant-dernière est brève. Dans les mots de deux syllabes, il n'existe donc qu'une possibilité : l'accent se place sur la première syllabe, qui est la seule accentuable. De même, dans les monosyllabes, l'accent porte sur la seule syllabe existante.

Le latin connaissait donc les schèmes accentuels suivants (1) :

'⏒ : sal : "sel", es : "tu es", res : "chose", tu : "toi"
'˘ ⏒ : rŏsa : "rose", lĭber : "libre", fĭdes : "foi"
...'¯ ⏒ : clāvis : "clé", amārus : "amer", manducāre : "manger"
...'˘ ˘ ⏒ : bĭbĕre . "boire", vĭrĭde : "vert", fenŭcŭlum : "fenouil"
...'¯ ˘ ⏒ : perĭcŭlum : "péril", pāgĭna : "page", fābŭla : "conte"

Cet accent, entièrement prévisible, n'assure jamais de fonction contrastive.

Or, nous avons vu qu'en corse l'accent a une valeur phonologique : il peut frapper indifféremment l'une des trois dernières syllabes de l'unité accentuelle et permet par conséquent d'opposer des séquences par ailleurs identiques. Ce changement fonctionnel a eu lieu à partir des faits suivants :

– perte de la quantité vocalique du latin : nous verrons que celle-ci est en partie remplacée en corse par une opposition de timbre.

– chute, liée d'ailleurs à la proximité de l'accent, de certaines syllabes atones, essentiellement de la syllabe suivant l'accent dans certains proparoxytons, et de la syllabe finale dans certains paroxytons.

L'accent cesse donc désormais d'être fixe (c'est-à-dire prévisible, obéissant à la règle de placement que nous avons dégagée ci-dessus), pour devenir libre, c'est-à-dire imprévisible : il peut, en corse, porter sur la dernière, l'avant-dernière, ou l'avant-avant dernière syllabe de l'unité accentuelle sans qu'aucune règle phonologique ne détermine son placement. Il peut donc, désormais, permettre, par sa seule place, de distinguer deux mots l'un de l'autre. L'accent du corse n'est donc plus l'accent du latin.

Cela dit, on peut constater que, superficiellement, l'accent, en corse, conserve généralement la place qu'il avait en latin. Il en est ainsi dans les exemples suivants :

i(n)sŭlam	>	**isula**	*'izula*	"île"
fēmĭnam	>	**femina**	*f'ɛmina*	"femelle"
placēre	>	**piacere**	*pjatʃ'ɛri*	"plaisir"
tū	>	**tù**	*t'u*	"toi, tu"

(1) ˘ au-dessus d'une voyelle indique que celle-ci est brève; ¯ au-dessus d'une voyelle indique que celle-ci est longue; dans notre tableau ˘ note une syllabe brève, ¯ une syllabe longue, ⏒ une syllabe indifféremment brève ou longue.

mĕrŭlam	>	**merula**	*m̄'erula*	"merle"
pāgĭnam	>	**pagina**	*p̄'adʒina*	"page"
lōcum	>	**locu**	*l̄'oku*	"lieu"
tempus	>	**tempu**	*t̄'ɛmp̄u*	"temps"

Parfois, cependant, bien que l'accent en corse continue de frapper la même syllabe qu'en latin, le type accentuel s'est modifié en passant du latin au corse par suite de la perte d'une syllabe. Ainsi le schéma latin (—)'——— a pu devenir (—)'—— en corse; c'est le cas dans :

fībŭlam	>	**fibia**	*f'ibja*	"boucle"
dŏmĭnam	>	**donna**	*d'oñ̄a*	"femme"
ŏcŭlum	>	**ochju**	*'otju*	"œil"
aurĭcŭlam	>	**arechja**	*ar'ɛtja*	"oreille"

De même, le schéma latin (—)—'—— a pu devenir —'— en corse; c'est le cas dans :

civitātem	>	**cità**	*t̄ʃit'a*	"ville"
virtūtem	>	**virtù**	*virt̄'u*	"vertu"
cantāre	>	**cantà**	*k̄ant̄'a*	"chanter"
habēre	>	**avè**	*aw'ɛ*	"avoir"

C'est ainsi que le type oxytonique s'est créé en corse.

Enfin, l'accent en corse peut ne plus porter sur la même syllabe qu'en latin; ce changement est lié au fait que les voyelles latines ĕ et ĭ ont eu tendance à devenir *j* quand elles se trouvaient en hiatus et qu'elles ont ainsi cessé d'être accentuables. Mais il faut dire que ce changement s'est amorcé dès l'époque latine.

On a ainsi :

filĭolum	> **figliolu**	*filj'olu*	"fils" :	l'accent porte, à l'origine sur le second i.
fasĕolum	> **fasgiolu**	*faʒ'olu*	"haricot" :	l'accent, porte à l'origine sur e ; e > j, et sj > ʒ.
lintĕolum	> **lenzolu**	*l̄ints'olu*	"drap" :	l'accent, porte à l'origine sur e ; e > j et tj > ts.

Ce qu'il faut retenir de cela, c'est que les changements accentuels de surface intervenant dans le passage du latin au corse sont pour ainsi dire toujours liés à des modifications se produisant au niveau phonématique. Par ailleurs, il faut bien voir que si, en gros, la physionomie actuelle du corse ne s'écarte pas trop de celle du latin, en fait, c'est-à-dire en profondeur, les choses ont bien changé : de fixe, et donc prévisible, qu'il était en latin, l'accent est devenu, en corse, semi-libre et donc phonologiquement pertinent.

LES VOYELLES.

Nous n'étudierons, ici, que l'évolution des voyelles toniques. Pour des raisons phonétiques que l'on comprendra aisément, la voyelle tonique a été, dans son évolution du latin au corse, beaucoup moins souvent victime d'"accidents" que les voyelles atones. D'autre part, si, en latin, il était possible de trouver toutes les voyelles hors de l'accent, en corse, la réduction d'inventaire est telle dans cette position que la physionomie du système vocalique s'est profondément modifiée. Enfin, les voyelles atones ont sans doute fait l'objet de multiples réajustements morphologiques qui masquent leur évolution phonétique "normale". Pour toutes ces raisons, nous n'aborderons pas ici les problèmes posés par l'évolution des voyelles atones : nous nous bornerons à indiquer les grandes lignes de l'évolution des voyelles toniques du latin au corse.

Le latin possédait, on le sait, dix voyelles : cinq brèves, cinq longues. Rappelons que la quantité de la voyelle jouait, en latin, un rôle distinctif : deux mots pouvaient s'opposer par le caractère bref ou long de l'une de leurs voyelles. On a par exemple :

mălum : "le mal" ; mālum : "la pomme", etc...

Le système phonologique des voyelles du latin classique se présentait donc de la manière suivante :

ī ĭ ū ŭ
ē ĕ ō ŏ
ā ă

Si l'on compare les faits actuels aux faits latins, on se rend compte qu'il existe aujourd'hui, en corse, deux principaux types d'aboutissement des voyelles toniques : les parlers de l'Extrême-Sud offrent des relations avec le latin différentes de celles des parlers du reste de l'île, la limite précise entre les deux zones devant d'ailleurs être établie par une étude de géographie linguistique. Nous étudierons ici successivement l'aboutissement du système vocalique latin dans chacune des deux zones. Pour des raisons de simplicité et par convention, nous emprunterons nos exemples concernant l'Extrême-Sud au parler d'Auddè et ceux concernant le reste de l'île au parler de Veru, en nous réservant, bien entendu, de fournir quelques indications sur d'éventuelles variations à l'intérieur même de chacune de ces zones.

En corse de Veru, le système vocalique latin présenté ci-dessus a abouti aux résultats suivants :

– Traitement de ī latin accentué.

ī latin accentué aboutit à *i*. C'est ainsi que l'on a :

fīlum	>	**filu**	*f'ilu*	"fil"
sīmium	>	**scimia**	*ʃ'imja*	"singe"
spīnam	>	**spina**	*sp'ina*	"épine"
dīcere	>	**dice**	*d'itʃa*	"dire"
cīmĭcem	>	**cimicia**	*tʃ'imitʃa*	"punaise"
vītam	>	**vita**	*v'ita*	"vie"
vicīnam	>	**vicina**	*vitʃ'ina*	"voisine"

vīnum > **vinu** *v'inu* "vin"
mīcam > **micca** *m̄'ik̄a* "mie", "pas"
scrīptum > **scrittu** *skr'it̄u* "écrit" etc...

– Traitement de ĭ latin accentué.

ĭ latin accentué aboutit généralement à ϵ. Cela est attesté par :

pĭlum > **pelu** *p̄'ϵlu* "poil"
pĭrum > **peru** *p̄'ϵru* "poire"
nĭvem > **neve** *n̄'ϵɥi* "neige"
ĭllum > **ellu** *'ϵdu* "lui"
capĭllum > **capellu** *k̄ap'ϵdu* "cheveu"
sĭccum > **seccu** *s'ϵk̄u* "sec"
cĭrculum > **chjerchju** *tj'ertju* "cercle"
sĭtem > **sete** *s'ϵti* "soif"

Parfois, cependant, ĭ est passé en corse avec le timbre *i*. C'est le cas pour les exemples suivants :

vĭncĕre > **vince** *v'int̄ʃa* "vaincre"
tĭngĕre > **tigne** *t̄'inja* "teindre"
cĭlĭum > **cigliu** *t̄ʃ'ilju* "cil"
cĭngĕre > **cigne** *t̄ʃ'inja* "ceindre"
fămĭlĭam > **famiglia** *fam'ilja* "famille"
gramĭnĕam > **rimigna** *r̄im'inja* "chiendent" etc...

On admet généralement que, dans les mots de ce type, le maintien du timbre *i* a été conditionné par la proximité d'un *j*, d'origine ou secondaire.

Le ĭ passe également à *i* dans certains mots dont on s'accorde à reconnaître l'origine "savante" ou "littéraire" : il s'agit de mots qui n'ont pas subi l'évolution phonétique régulière. Citons par exemple :

vĭtĭum > **viziu** *v'itsju* "vice"

en face de *v'ϵtsi* "grimaces" qui manifeste l'évolution normale.

tĭmĭdum > **timidu** *t̄'imiđu* "timide"

en face de *t'ϵma* "craindre" qui manifeste l'évolution normale.

tranquĭllum > **tranquillu** *traŋkɥ'idu* "tranquille"
tĭtŭlum > **titulu** *t̄'itulu* "titre"

– Traitement de ē latin accentué.

ē latin accentué est généralement devenu ϵ, tout comme ĭ. On a par exemple:

mē > **mè** *m̄'ϵ* "moi"
acētum > **acetu** *atʃ'ϵtu* "vinaigre"
plēnam > **piena** *pj'ϵna* "pleine"
candēlam > **candela** *k̄and'ϵla* "chandelle"
habēre > **avè** *aw'ϵ* "avoir"
cēram > **cera** *t̄ʃ'era* "cire"
tēlam > **tela** *t̄'ϵla* "toile"
sētam > **seta** *s'ϵta* "soie", etc...

Il existe également un certain nombre de traitements de ē en *e* :

ecclēsiam > **ghjesgia** *dj'eẓa* "église"
lēgem > **lege** *l̄'eẓi* "loi"
rētem > **rete** *r̄'eti* "filet"
crēdit > **crede** *kr'eđi* "il croit"
secrētum > **secretu** *sikr'etu* "secret"
sēra > **sera** *s'era* "soir"
vērum > **veru** *v'eru* "vrai"

Mais les mots qui figurent dans cette liste présentent parfois dans certaines régions de cette même zone le traitement *ɛ*.

— Traitement de ĕ latin accentué.

ĕ latin accentué est généralement devenu *e*. C'est ainsi que l'on a :

ĕgo > **eiu** *'eju* "moi, je"
lĕgĕre > **leghje** *l̄'edja* "lire"
sĕrum > **seru** *s'eru* "petit lait"
sĕx > **sei** *s'ei* "six"
pĕdem > **pede** *p̄'eđi* "pied"
spĕcŭlum > **spechju** *sp'etju* "miroir"
prĕtium > **prezzu** *pr'etsu* "prix"
vĕtŭlum > **vechju** *v'etju* "vieux"

Dans certains contextes, ĕ latin est passé non pas à *e* mais à *ɛ*. C'est le cas lorsqu'il se trouve suivi, dans le mot corse, d'une nasale, que celle-ci soit ou non finale de syllabe. On a ainsi :

dĕntem > **dente** *d'ɛnt̄i* "dent"
tĕmpus > **tempu** *t̄'ɛmp̄u* "temps"
tĕnet > **tene** *t̄'ɛni* "il tient"
gĕntem > **ghjente** *dj'ɛnt̄i* "gens"
mĕmbrum > **membru** *m̄'ɛmbru* "membre"
vĕnit > **vene** *v'ɛni* "il vient", etc...

Dans ce contexte, l'opposition qui existe entre ĕ > *e* et ē > *ɛ* n'est donc pas maintenue : rappelons que, d'un point de vue synchronique, la séquence -en- est interdite en corse. (Cf. ci-dessus, phonologie).

Dans d'autres cas, ĕ latin est passé en corse avec le timbre *a* : c'est le cas lorsqu'il se trouve devant -r + consonne, c'est-à-dire soit en syllabe fermée par -r, soit devant un -r géminé. On a par exemple :

hĕrbam > **arba** *'arba* "herbe"
fĕrrum > **farru** *f'ar̄u* "fer"
nĕrvum > **narbu** *n̄'arbu* "nerf"
tĕrram > **tarra** *t̄'ar̄a* "terre" (2) etc...

(2) Ce traitement n'est pas général; on trouve des cas où ĕ devant r passe à *ɛ* :

tĕrtium > **terzu** *t̄'ɛrtsu* "troisième"
hibĕrnum > **inguernu** *iŋgw'ɛrn̄u* "hiver"

Ce sont d'ailleurs ces deux contextes, -n- et -r + consonne, qui entraînent des traitements particuliers de *ĕ* dans certaines régions du Nord-Est de l'île : nous aborderons ces problèmes ci-dessous.

— Traitement de ă et ā latins accentués.

Le ă et le ā du latin se sont confondus : ils ont abouti à *a*. On a par exemple :

dāre	>	**dà**	*d'a*	"donner"
bācam	>	**baca**	*b'aka*	"baie"
pācem	>	**pace**	*p̄'atʃi*	"paix"
clāvem	>	**chjave**	*tj'aɥi*	"clef"
ăcum	>	**acu**	*'aku*	"aiguille"
măre	>	**mare**	*m̄'ari*	"mer"
săpidum	>	**sapidu**	*s'apiđu*	"savoureux"
plăgiam	>	**piaghja**	*pj'adja*	"plaine" etc...

— Traitement de ŏ latin accentué.

Le ŏ latin accentué est généralement passé à *o*, C'est le cas de :

nŏvem	>	**novi**	*n̄'oɥi*	"neuf"
ŏle(am)	>	**oliu**	*'olj(u)*	"huile"
pŏpulum	>	**populu**	*p̄'opulu*	"peuple"
dŏminam	>	**donna**	*d'on̄a*	"femme"
jŏcum	>	**ghjocu**	*dj'oku*	"jeu"
fŏcum	>	**focu**	*f'oku*	"feu"
hŏrtum	>	**ortu**	*'ort̄u*	"jardin"
cŏxam	>	**coscia**	*k̄'oʃa*	"cuisse"

Devant -n, en syllabe ouverte, il semble y avoir une hésitation entre *o* et *ɔ*; c'est ainsi que l'on a :

bŏnum > **bonu** *b'onu* "bon" mais sŏnum > **sonu** *s'ɔnu* "son"

— Traitement de ō latin accentué.

Le ō latin accentué a donné *ɔ*. On a par exemple :

flōrem	>	**fiore**	*fj'ɔri*	"fleur"
vōcem	>	**voce**	*v'ɔtʃi*	"voix"
calōrem	>	**calore**	*k̄al'ɔri*	"chaleur"
nepōtem	>	**nepote**	*n̄ip'ɔti*	"neveu"
nōdum	>	**nodu**	*n̄'ɔđu*	"nœud"
amōrem	>	**amore**	*am'ɔri*	"amour"
fōrmam	>	**forma**	*f'ɔrm̄a*	"forme"
cognōsco	>	**connoscu**	*k̄un̄'ɔsku*	"je connais"

— Traitement de ŭ latin accentué.

Le ŭ latin accentué devient *ɔ* tout comme *ō*. C'est ainsi que l'on a :

rŭssum	>	**rossu**	*r̄'ɔsu*	"rouge"
gŭlam	>	**gola**	*g'ɔla*	"gueule"

crŭcem	>	**croce**	*kr'ɔtʃi*	"croix"	
tŭrrim	>	**torre**	*t̄'ɔr̄i*	"tour"	
rŭmicem	>	**romicia**	*r̄'ɔmitʃa*	"oseille"	
pŭteum	>	**pozzu**	*p̄'ɔtsu*	"puits"	
vŭlpem	>	**volpe**	*v'ɔlp̄i*	"renard"	
plŭmbum	>	**piombu**	*pj'ɔmbu*	"plomb" (3)	etc...

– Traitement de ū latin accentué.

Le ū latin accentué passe à *u*. On a par exemple :

virtūtem	>	**virtù**	*virt̄'u*	"vertu"	
ūva	>	**uva**	*'uwa*	"raisin"	
secūrum	>	**sicuru**	*sik'uru*	"sûr"	
flūmen	>	**fiume**	*fj'umi*	"fleuve"	
incūdinem	>	**incudine**	*iŋk̄'uđini*	"enclume"	
frūctum	>	**fruttu**	*fr'ut̄u*	"fruit"	
nūllum	>	**nullu**	*n̄'udu*	"aucun"	
plūs	>	**più**	*pj'u*	"plus"	etc...

– Traitement des diphtongues latines.

Le latin connaissait trois diphtongues : ae, au, oe. Le corse a perdu ces diphtongues. (Le ae et le oe avaient d'ailleurs disparu dès le latin).

Le résultat, en corse, en est le suivant :

ae :	caelum	>	**celu**	*t̄ʃ'elu*	"ciel"
	caecum	>	**cecu**	*t̄ʃ'eku*	"aveugle"
au :	aurum	>	**oru**	*'ɔru*	"or"
	paucum	>	**pocu**	*p̄'ɔku*	"peu"
oe :	foenum	>	**fenu**	*f'ɛnu*	"foin"
	poenam	>	**pena**	*p̄'ɛna*	"peine"

Autrement dit, les diphtongues se sont assimilées aux voyelles simples de la manière suivante :

ae > ĕ > *e*
au > ō > ɔ
oe > ē > ɛ

On peut, si on laisse de côté certaines variations, établir le schéma suivant pour rendre compte de l'évolution des voyelles du latin aux parlers corses du type de Veru.

latin	ī	ĭ	ē	ĕ	ā̆	ŏ	ō	ŭ	ū
corse (type Veru)	i	ɛ		e	a	o	ɔ		u

(3) Dans une série de mots, on trouve, à la place du attendu, un *o*. C'est le cas de **finochju** *fin'otju* "fenouil", **ghjinochju** *djin'otju* "genou", **ranochja** *r̄an'otja* "grenouille", **pidochju** *p̄iđ'otju* "pou". On pense généralement que le suffixe latin-uculum qui figure dans tous ces mots est passé en bas-latin à -ōclum, ce qui expliquerait nos formes et les formes correspondantes d'autres langues romanes, en particulier le toscan.

Ce schéma indique la fusion dans ce type de parlers des voyelles ĭ et ē, ā et ă, ō et ŭ. Ce type de neutralisation est celui que l'on observe dans l'ensemble des systèmes romans occidentaux. C'est celui, par exemple, qu'atteste le toscan :

latin	ī	ĭ ē	ĕ	ă̄	ŏ	ō ŭ	ū
toscan	i	e	ɛ	a	ɔ	o	u

Ce qui, en revanche, est particulier à ces parlers corses, c'est que les voyelles ĭ et ē, ŭ et ō ont abouti respectivement à *ɛ* et *ɔ*, tandis que ĕ et ŏ ont abouti respectivement à *e* et *o* : il y a interversion des timbres par rapport au toscan.

Nous avons vu dans le chapitre consacré à la phonologie que les parlers du Nord-Est possédaient un système vocalique original. Mais ce vocalisme s'explique "normalement" à partir du schéma posé ci-dessus. Il faut simplement poser la création de variantes : si les dix phonèmes latins connaissent, en position tonique, la même évolution qu'à Veru, par exemple, dans le cas le plus général, ils évoluent de manière différente dans certains contextes. C'est ainsi que :

ĕ latin passe à *æ* en syllabe fermée par r. On a par exemple :

hĕrbam	>	**erba**	*'ærba*	"herbe"	
fĕrrum	>	**ferru**	*f'ær̄u*	"fer"	
nĕrvum	>	**nerbu**	*n̄'ærbu*	"nerf"	
tĕrram	>	**terra**	*t'ær̄a*	"terre"	etc...

ĕ latin passe également à *æ* devant n. On a par exemple :

tĕmpus	>	**tempu**	*t'æmpu*	"temps"	
tĕnet	>	**tene**	*t'ænɛ*	"il tient"	
gentem	>	**ghjente**	*dj'æntɛ*	"gens"	
vĕnit	>	**vene**	*b'ænɛ*	"il vient"	etc...

ă̄ passe à *æ* en syllabe fermée par -r. Citons par exemple :

carnem	>	**carne**	*k'ær̄n̄ɛ*	"viande"	
partem	>	**parte**	*p'ærtɛ*	"partie"	
marmorem	>	**marmaru**	*m̄'ærm̄aru*	"marbre"	
carrum	>	**carru**	*k'ær̄u*	"char",	etc...

Par ailleurs, dans un certain nombre de contextes plus délicats à déterminer et dans un nombre de mots très restreint, ĕ et ă aboutissent également à *æ*. Citons par exemple :

bracchium	>	**bracciu**	*br'ætʃu*	"bras"	
*plagiam	>	**piaghja**	*pj'ædja*	"plaine, plage"	
bĕllum	>	**bellu**	*b'æl̄u*	"beau",	etc...

Nous avons noté ci-dessus (cf. phonologie) que l'évolution du système vocalique aboutissait à la création d'un huitième phonème vocalique, c'est-à-dire à la phonologisation de cette variante *æ*. On peut représenter la situation de ce système vocalique par rapport au latin de la manière suivante :

latin	ī	ĭ	ē	ĕ		ā̆	ŏ	ō	ŭ	ū
corse du N. E.	i	ɛ		e	æ	a	o	ɔ		u

Le vocalisme de l'Extrême-Sud (Auddè) se trouve dans une relation différente par rapport au latin. Ce qui le caractérise (tout comme le vocalisme sarde), c'est que ce sont les voyelles latines ī et ĭ, ū et ŭ etc... qui s'y trouvent confondues. On a par exemple :

pĭlum	>	*p̄'ilu*	"poil"
pĭrum	>	*p̄'iru*	"poire"
nĭvem	>	*n̄'iyi*	"neige"
ĭllum	>	*'iɖu*	"lui, il"
capĭllum	>	*k̄ap'iɖu*	"cheveu"
sĭccum	>	*s'ik̄u*	"sec"
cĭrculum	>	*tj'irtju*	"cercle"
sĭtim	>	*s'iti*	"soif" etc...

i figure donc là où l'on trouve *ɛ* dans les autres parlers corses.

russum	>	*r̄'usu*	"rouge"
crucem	>	*kr'utʃi*	"croix"
turrim	>	*t̄'ur̄i*	"tour"
puteum	>	*p̄'utsu*	"puits"
vulpem	>	*v'ulp̄i*	"renard"
plumbum	>	*pj'umbu*	"plomb

u figure donc là où l'on trouve *ɔ* dans les autres parlers.

Se sont par ailleurs confondus, dans l'Extrême-Sud, ē et ĕ d'une part, ō et ŏ de l'autre. Nous dirons simplement ici, sans entrer dans les détails très complexes de cette évolution, que ē et ĕ se sont confondus en un phonème que nous noterons /e/ et qui se réalise comme *e* en syllabe ouverte et comme *ɛ* en syllabe fermée. De même ō et ŏ se sont confondus en un phonème que nous noterons /o/ et qui se réalise comme *o* en syllabe ouverte et comme *ɔ* en syllabe fermée. Voici quelques exemples de ces traitements :

ē et ĕ latins aboutissent à *e* en syllabe ouverte :

acētum	>	*atʃ'etu*	"vinaigre"	tēlam	>	*t̄'ela*	"toile"
candēlam	>	*k̄and'ela*	"chandelle"	cēram	>	*t̄ʃ'era*	"cire"
sĕrum	>	*s'eru*	"petit lait"	pĕdem	>	*p̄'eði*	"pied"
ĕgo	>	*'eju*	"moi, je"	sĕx	>	*s'ei*	"six"

et à *ɛ* en syllabe fermée :

tĕctum > **tettu** *t̄'ɛt̄u* "toit" tēg(u)lam > **teghja** *t̄'ɛdja* "tuile"
adspĕctat > **aspetta** *asp'ɛt̄a* "il attend" vespam > **vespa** *v'ɛspa* "guêpe"

ou devant *n* :

plēnam	>	*pj'ɛ̨na*	"pleine"
tĕnet	>	*t̄'ɛni*	"il tient"

ō et ŏ latins aboutissent à *o* en syllabe ouverte :

flōrem	>	*fj'ori*	"fleur"	nepōtem	>	*n̄ip'oti*	"neveu"
jŏcum	>	*dj'oku*	"jeu"	nŏvem	>	*n̄'oųi*	"neuf"

et à *ɔ* en syllabe fermée :

cognōsco	>	*k̄un̄'ɔsku*	"je connais"
dŏm(i)nam	>	*d'ɔn̄a*	"femme"

On pourrait, schématiquement, représenter l'évolution des voyelles du latin au corse de l'Extrême-Sud de la manière suivante :

latin	ī	ĭ	ē	ĕ	ā̆	ŏ	ō	ŭ	ū
corse (type Auddè)	i		e		a	o		u	

Il faut noter qu'il ne s'agit là que d'un stade dans l'évolution de la langue. Aujourd'hui, en effet, pour diverses raisons (évolution de la diphtongue au, modification de la coupe syllabique, etc...) et sous diverses influences (en particulier le contact), des oppositions /e/ ~ /ɛ/ et /o/ ~ /ɔ/ se sont créées, ce qui fait que ces parlers sont typologiquement semblables, du point de vue vocalique, aux autres parlers corses qui possèdent sept phonèmes vocaliques. Le fait, toutefois, que le rendement fonctionnel de ces oppositions entre voyelles moyennes soit très faible et que le nombre de contextes dans lesquels celles-ci sont possibles soit très limité témoigne de l'état ancien du système.

Nous avons, dans les paragraphes qui précèdent, établi les relations métachroniques qui existent entre le vocalisme latin d'une part et les deux principaux types de vocalisme corse d'autre part. Il est clair qu'une étude de phonologie diachronique ne saurait en rester là. Il s'agirait à présent de définir le pourquoi et le comment de cette double évolution et de reconstruire les étapes qui ont mené de la source commune aux deux aboutissements que nous connaissons aujourd'hui. Il faudrait essayer de comprendre les divers mouvements qui ont tendu à éloigner certains parlers corses les uns des autres (divergence) ou à les rapprocher (convergence) au cours de leur histoire. Bottiglioni a avancé l'idée que, à partir d'un vocalisme de type sarde qui se serait jadis étendu à toute la Corse, la situation vocalique que l'on connaît actuellement dans les parlers autres que ceux de l'Extrême-Sud s'explique par la pénétration du toscan. Peut-être les théories linguistiques modernes en matière de diachronie et de dialectologie permettront-elles de jeter un jour nouveau sur cette hypothèse.

LES CONSONNES.

Il importe de distinguer ici, du moins pour les consonnes simples, la position initiale de la consonne de sa position intervocalique : les différences de traitement des consonnes en fonction de leur position dans l'unité accentuelle sont, en effet, assez considérables. En règle générale, on peut dire que les consonnes intervocaliques ont subi des modifications beaucoup plus importantes que les consonnes initiales.

Il nous faudra également considérer la position finale de syllabe : nous étudierons donc l'évolution de la partie post-vocalique de la syllabe, qu'elle soit constituée de sonantes ou d'occlusives.

Par ailleurs, nous devrons étudier la manière dont évoluent les groupes (ou groupements) de consonnes.

En ce qui concerne les consonnes latines en finale de mot, nous n'aurons pas à nous en occuper ici : l'étude synchronique a en effet établi qu'il n'existait pas, en corse, de consonnes en finale absolue. Nous poserons par conséquent une règle générale de chute de toutes les consonnes finales (ou devenues finales) et nous ne reviendrons plus là-dessus.

L'analyse phonologique de quelques parlers corses a mis en évidence le phénomène de la mutation consonantique, phénomène profondément original, et hautement caractéristique de l'ensemble de la langue corse. Il est évident qu'une étude de phonologie diachronique devra rendre compte de ce phénomène, expliquer ses causes, ses origines, etc... Mais cela dépasse largement le cadre de cette étude : nous nous contenterons, ici, de décrire l'évolution des sons du latin au corse, et d'évoquer la constitution du système consonantique corse, étant bien entendu que, à l'intérieur de chaque système consonantique corse, se met en place le mécanisme de la mutation consonantique décrit ci-dessus, chapitre III.

Il nous faut enfin préciser que, pour des raisons de simplicité et de clarté de l'exposé, il nous est impossible de retracer simultanément l'évolution du consonantisme de tous les parlers corses à partir du latin. Nous conviendrons donc d'emprunter, comme nous l'avons déjà fait, les formes à notre parler, le parler de Veru.

LES CONSONNES SIMPLES.

Les consonnes initiales latines se sont en général conservées en corse. Étant donné l'existence dans notre langue du phénomène de mutation consonantique, la consonne initiale de chaque mot corse peut apparaître sous sa forme forte ou sous sa forme faible. Nous conviendrons dans ce qui suit de ne mentionner que la forme forte.

Le latin possédait à l'initiale sept occlusives orales :

	Labial	Dental	Vélaire	Labiovélaire
sourd	p	t	c	qu
sonore	b	d	g	

Leurs aboutissements en corse sont les suivants :

p > *p̄*	pācem	>	**pace**	*p̄'atʃi*	"paix"	
	pīnum	>	**pinu**	*p̄'inu*	"pin"	
	piscem	>	**pesciu**	*p̄'ɛʃu*	"poisson"	
	poenam	>	**pena**	*p̄'ɛna*	"douleur",	etc...
b > *b*	bĕllum	>	**bellu**	*b'ɛdu*	"beau"	
	bŭccam	>	**bocca**	*b'ɔk̄a*	"bouche"	
	basium	>	**basgiu**	*b'aʒu*	"baiser"	
	bĕne	>	**bene**	*b'ɛni*	"bien"	etc...
t > *t̄*	taurum	>	**toru**	*t̄'ɔru*	"taureau"	
	titionem	>	**tizzone**	*t̄its'ɔni*	"tison"	
	tectum	>	**tettu**	*t̄'ɛt̄u*	"toit"	
	tantum	>	**tantu**	*t̄'ant̄u*	"tant"	etc...
d > *d*	damnum	>	**dannu**	*d'an̄u*	"malheur"	
	directum	>	**dirittu**	*dir'it̄u*	"droit"	
	dēbilem	>	**debule**	*d'ɛbuli*	"faible"	
	dāre	>	**dà**	*d'a*	"donner"	etc...

Les consonnes vélaires latines se sont palatalisées, c'est-à-dire que leur point d'articulation s'est avancé, lorsqu'elles se trouvaient devant des voyelles antérieures. Mais il arrive que plusieurs traitements concurrents soient attestés et une étude de phonologie diachronique devrait sans doute faire le départ entre les cas d'évolution normale, d'emprunts ultérieurs, de formation savante etc... Nous nous bornons ici à dresser l'inventaire de ces traitements.

c > *k̄* devant une voyelle postérieure *(u, o, ɔ, a)*.

caballum	>	**cavallu**	*k̄aw'adu*	"cheval"	
colum	>	**colu**	*k̄'ɔlu*	"filtre"	
calcaneum	>	**calcagnu**	*k̄alk̄'anju*	"talon"	
cultellum	>	**cultellu**	*k̄ult̄'edu*	"couteau",	etc...

c > *t̄ʃ* devant une voyelle antérieure *(i, e, ɛ,)*.

caecum	>	**cecu**	*t̄ʃ'eku*	"aveugle"	
coelum	>	**celu**	*t̄ʃ'elu*	"ciel"	
cīneram	>	**cenara**	*t̄ʃ'ɛnara*	"cendre"	
cer(e)bellum	>	**ciarbellu**	*t̄ʃarb'edu*	"cerveau",	etc...

g > *g* devant *u, o* et *ɔ*.

gulam	>	**gola**	*g'ɔla*	"gorge"	
gustum	>	**gustu**	*g'ustu*	"goût"	etc...

g > *dj* devant *i, e, ɔ* et *a*.

genuculum	>	**ghjinochju**	*djin'otju*	"genou"	
gentem	>	**ghjente**	*dj'ɛnt̄i*	"gens"	
gallinam	>	**ghjallina**	*djad'ina*	"poule"	
gambam	>	**ghjamba**	*dj'amba*	"jambe"	etc...

Mais il arrive aussi que *g* > *dʒ*

galbinum	>	**giallu**	*dʒ'adu*	"jaune"

et les deux traitements coexistent parfois pour la même racine.

gaudere	>	**gode**	*g'ɔda*	"se réjouir", mais
gaudium	>	**gioia**	*dʒ'ɔja*	"joie"
gyrare	>	**ghjirà**	*djir'a*	"tourner, mais
gyrum	>	**giru**	*dʒ'iru*	"tour"

Le latin possédait enfin une labiovélaire; son traitement en corse est hésitant : qu > *kw* dans :

quaes(i)tum	>	**quest(ula)**	*kw'ɛstula*	"quête"
qualem	>	**quale**	*kw'ali*	"quel"
quartum	>	**quartu**	*kw'art̄u*	"quatrième"
questionem	>	**questione**	*kɥistj'ɔni*	"question" etc...

Mais il arrive aussi que qu passe à *k* dans :

qui	>	**chi**	*k̄'i*	"qui"
quaerere	>	**chera**	*k̄'era*	"demander" en face de
			kw'ɛstula	"quête"
qualem causam	>	**qualcosa**	*k̄alk̄'ɔza*	"quelque chose" en face de
			kw'ali	"quelque"

Ces traitements peuvent être résumés dans le tableau suivant.

latin	p	b	t	d	c		g		qu
corse de Veru	p̄	b	t̄	d	k̄	t̄ʃ	g	dj (dʒ)	kw (k)

Le latin possédait, par ailleurs, à l'initiale, les fricatives f et s, les nasales m et n, les liquides l et r et les semi-consonnes v et j. Voici leurs aboutissements respectifs en corse.

f > *f*	faciam	>	**faccia**	*f'at̄ʃa*	"visage"
	fūnem	>	**funa**	*f'una*	"corde"
	fōcum	>	**focu**	*f'oku*	"feu"
	foenum	>	**fenu**	*f'ɛnu*	"foin" etc...
s > *s*	sagmam	>	**soma**	*s'ɔma*	"charge"
	socerem	>	**sociaru**	*s'otʃaru*	"beau-père"
	succum	>	**succhju**	*s'utju*	"jus"
	sagittam	>	**saetta**	*sa'ɛt̄a*	"foudre"

On trouve cependant aussi quelques cas de palatalisation : *s* > *ʃ* :

	semum	>	**scemu**	*ʃ'ɛmu*	"fou"
	simiam	>	**scimia**	*ʃ'imja*	"singe"
m > *m̄*	macellum	>	**macellu**	*m̄atʃ'edu*	"boucher"
	mulier	>	**moglia**	*m̄'ɔlja*	"épouse"
	majalem	>	**maghiale**	*m̄aj'ali*	"porc"
	me(n)sem	>	**mese**	*m̄'ɛzi*	"mois" etc...

n > *n̄*	nervum	>	**narbu**	*n̄'arbu*	"nerf"
	nivem	>	**neve**	*n̄'ɛɥi*	"neige"
	nomen	>	**nome**	*n̄'ɔmi*	"nom"
	nitidare	>	**nittà**	*n̄it̄'a*	"nettoyer"
l > *l̄*	laniare	>	**lagnà(ssi)**	*l̄anj'a(si)*	"(se) plaindre"
	lignum	>	**legnu**	*l̄'ɛnju*	"bois"
	labram	>	**labra**	*l̄'abra*	"lèvre"
	lactem	>	**latte**	*l̄'at̄i*	"lait"
r > *r̄*	rabiam	>	**rabia**	*r̄'abja*	"rage"
	rugire	>	**rughjà**	*r̄udj'a*	"rugir"
	rŏtam	>	**rota**	*r̄'ota*	"roue"
	ratiōnem	>	**raghjone**	*r̄adj'ɔni*	"raison", etc...
v > *v*	vaccam	>	**vacca**	*v'ak̄a*	"vache"
	vulpem	>	**volpe**	*v'ɔlp̄i*	"renard"
	ver(e)cundiam	>	**vargogna**	*varg'ɔnja*	"honte"
	vomĕrem	>	**vomara**	*v'ɔmara*	"charrue", etc...

On trouve quelquefois un autre traitement de v latin : v > *gw*.

vastare	>	**guastà**	*gwast'a*	"abîmer"
vae	>	**vae**	*gw'ai*	"malheurs"

Celui-ci se comprend aisément si l'on se réfère à l'étude phonologique synchronique; en position C_f, en effet, *w* est à la fois la réalisation de /gw/ et de /w/. Si, à partir de cette réalisation, on "reconstruit" la position C_F, on peut hésiter entre *gw* et v.

j > *dj*	jungere	>	**ghjugne**	*dj'unja*	"arriver"
	jŭvenem	>	**ghjovanu**	*dj'ɔwanu*	"jeune"
	judĭcem	>	**ghjudice**	*dj'uđitʃi*	"juge"
	juvencum	>	**ghjuvencu**	*djuw'ɛŋk̄u*	"jeune bœuf" etc...

Ces traitements peuvent être résumés dans le tableau suivant :

latin	f	s	m	n	l	r	v	j
	|	|	|	|	|	|	|	|
corse de Veru	f	s ʃ	m̄	n̄	l̄	r̄	v	dj

L'ensemble des traitements que nous venons d'établir pour les consonnes initiales de mot restent valables pour les consonnes initiales d'une syllabe intérieure à condition que celle-ci soit précédée par une syllabe fermée. Nous nous bornerons donc à donner quelques exemples du traitement des consonnes latines dans ce type de contexte.

p > *p̄*	campum	>	**campu**	*k̄'amp̄u*	"champ"
	corpus	>	**corpu**	*k̄'orp̄u*	"ventre"
	rumpĕre	>	**rompe**	*r̄'ɔmp̄a*	"briser"
	serpe(entem)	>	**sarpe**	*s'arp̄i*	"serpent"

b > *b*	albam	>	**alba**	*'alba*	"aube"
	sambucum	>	**sambucu**	*samb'uku*	"sureau"
	cer(e)bellum	>	**ciarbellu**	*t̄ʃarb'edu*	"cerveau"
	carbonem	>	**carbone**	*k̄arb'ɔni*	"charbon"
t > *t̄*	hortum	>	**ortu**	*'ort̄u*	"jardin"
	fontem	>	**fonte**	*f'ɔnt̄i*	"source"
	partem	>	**parte**	*p̄'art̄i*	"part"
	cultellum	>	**cultellu**	*k̄ult̄'edu*	"couteau"
d > *d*	mandare	>	**mandà**	*m̄and'a*	"envoyer"
	cal(i)dum	>	**caldu**	*k̄'aldu*	"chaud"
	mordere	>	**morde**	*m̄'orda*	"mordre"
	vendere	>	**vende**	*v'ɛnda*	"vendre"

c > *k̄* devant une voyelle postérieure.

furcam	>	**forca**	*f'ɔrk̄a*	"fourche"
incudinem	>	**incudine**	*iŋk̄'uđini*	"enclume"

c > *t̄ʃ* devant une voyelle antérieure.

purcellum	>	**purcellu**	*p̄urt̄ʃ'edu*	"porcelet"
incendium	>	**incendiu**	*int̄ʃ'ɛndju*	"incendie"

g > *g* devant une voyelle postérieure.

fungum	>	**fungu**	*f'uŋgu*	"moisi"
angustiam	>	**angoscia**	*aŋg'ɔʃa*	"angoisse"
purgam	>	**porga**	*p̄'ɔrga*	"purge"

g > *dʒ* ou *dj* devant une voyelle antérieure.

argentum	>	**argentu**	*ardʒ'ɛnt̄u*	"argent"
		ou	*ardj'ɛnt̄u*	

en variantes libres.

Un cas spécial est constitué par le g précédé de n et suivi, dans le mot latin, de e : la séquence -nge- passe à *-nj-*. Citons par exemple :

plangere	>	**piegne**	*pj'ɛnja*	"pleurer"
frangere	>	**fragnà**	*franj'a*	"briser"
ungere	>	**ugne**	*'unja*	"oindre"
angĕlum	>	**agnulu**	*'anjulu*	"ange"

Dans de nombreuses régions de Corse, cette séquence apparaît d'ailleurs sous la forme *-ndj- : pj'ɛndjɛ, 'undjɛ,* etc...

Les exemples de traitement de k^w dans cette position sont fort peu nombreux. Le traitement de torquere > **torce** *t̄'ortʃa* "tordre", avec palatalisation, laisse supposer que k^w était passé à *k*. En revanche, le mot tranquillum > **tranquillu** *traŋkɥ'idu* "tranquille" atteste une conservation du phonème k^w. Mais il s'agit là d'un mot savant : cf. évolution des voyelles.

Le latin connaissait également, à l'intérieur après syllabe fermée, un g^w. Celui-ci semble s'être conservé. C'est ainsi que l'on a :

	sanguis	>	**sangue**	*s'aŋgɥi*	"sang"	
	anguillam	>	**anguilla**	*aŋgɥ'ida*	"anguille"	etc...
f > *f*	orphan(um)	>	**urfan(ellu)**	*urfan'edu*	"orphelin"	
	infect(um)	>	**infittà**	*infit'a*	"infecter"	etc...

s > *ts* Dans cette position, l'analyse phonologique synchronique montre qu'il n'y a pas d'opposition entre /s/ et /ts/ : le /s/ se réalise obligatoirement comme *ts*. C'est donc à *ts* qu'a abouti s latin dans :

	salsam	>	**salsa**	*s'altsa*	"sauce"	
	Corsicam	>	**Corsica**	*k̄'ortsika*	"Corse"	
	falsam	>	**falsa**	*f'altsa*	"fausse"	
	morsum	>	**morsu**	*m̄'ortsu*	"morsure"	etc...
m > *m̄*	marmorem	>	**marmaru**	*m̄'arm̄aru*	"marbre"	
	vermen	>	**varmu**	*v'arm̄u*	"ver"	
	palmam	>	**palma**	*p̄'alm̄a*	"paume"	
	terminare	>	**tarminà**	*t̄arm̄in'a*	"terminer"	
n > *n̄*	carnem	>	**carne**	*k̄'arn̄i*	"viande"	
	ornare	>	**urnà**	*urn̄'a*	"orner"	
	diurnum	>	**ghjornu**	*dj'ɔrn̄u*	"jour"	
	cornuam	>	**corna**	*k̄'orn̄a*	"corne"	

Mais un autre traitement semble possible pour la séquence -rn : il est représenté par :

furnum	>	**fornu**	*f'ɔr̄u*	"four"
en face de			*f'ɔrn̄u*	

il s'agit là d'une assimilation progressive.

v > *v*	servire	>	**serve**	*s'ɛrva*	"servir"
	malvam	>	**malva**	*m̄'alva*	"mauve"

Parfois

v > *b*	corvum	>	**corbu**	*k̄'orbu*	"corbeau"

Il reste maintenant à établir le comportement des consonnes simples intervocaliques.

p > *p*	crepāre	>	**cripà**	*krip'a*	"crever"	
	populum	>	**populu**	*p̄'opulu*	"peuple"	
	caput	>	**capu**	*k̄'apu*	"tête"	
	capillum	>	**capellu**	*k̄ap'ɛdu*	"cheveu"	etc...

On note cependant un affaiblissement de p dans des cas (isolés) comme :

	cepullam	>	**civolla**	*t̄ʃiw'ɔda*	"oignon"	
	tropare	>	**truvà**	*truw'a*	"trouver"	
b > *w*	scribere	>	**scrive**	*skr'iwa*	"écrire"	
	fabam	>	**fava**	*f'awa*	"fève"	
	debere	>	**deve**	*d'ewa*	"devoir"	
	diabolum	>	**diavulu**	*dij'awulu*	"diable"	etc...

t > *t* vitam > **vita** *v'ita* "vie"
catenam > **catena** *k̄at'ɛna* "chaîne"
maturum > **maturu** *m̄at'uru* "mûr"
piscatorem > **piscatore** *p̄iskat'ɔri* "pêcheur"

On constate un affaiblissement dans :

stratum > **strada** *str'ađa* "route"

d > *đ* d intervocalique du latin passe au son *đ* qui représente, d'après l'analyse phonologique ci-dessus, le phonème /d/. On a ainsi :

credere > **crede** *kr'eđa* "croire"
claudere > **chjode** *tj'ɔđa* "fermer"
judicem > **ghjudice** *dj'uđitʃi* "juge"
nudum > **nudu** *n̄'uđu* "nu", etc...

c intervocalique du latin est, dans certaines conditions, sujet au phénomène de palatalisation.

c > *k* devant voyelle postérieure,

manicam > **manica** *m̄'anika* "manche"
locum > **locu** *l̄'oku* "lieu"
securum > **sicuru** *sik'uru* "sûr"
amicum > **amicu** *am'iku* "ami", etc...

c > *tʃ* devant voyelle antérieure :

undecim > **ondici** *'ɔnditʃi* "onze"
placere > **piacere** *pjatʃ'ɛri* "plaisir"
a(vi)cellum > **acellu** *atʃ'edu* "oiseau"
vicinum > **vicinu** *vitʃ'inu* "voisin" etc...

g intervocalique latin connaît divers traitements :

– il se maintient dans :

negare > **nigà** *n̄ig'a* "nier"
augurium > **aguriu** *ag'urju* "augure"
plagam > **piaga** *pj'aga* "plaie"

– il s'efface dans :

page(n)sem > **paese** *p̄a'ɛzi* "village"
magistrum > **maestru** *m̄a'ɛstru* "maître"
sagittam > **saetta** *sa'ɛt̄a* "foudre" etc...

Certaines régions présentent, pour les mêmes mots, un traitement *j* : *paj'ɛzɛ* etc...

– il se palatalise en *dj* dans :

fugire > **fughie** *f'udja* "fuir"
leg(ere) > **leghje** *l̄'edja* "lire"
plagiam > **piaghja** *pj'adja* "plaine"
rugire > **rughjà** *r̄udj'a* "rugir"

— il se palatalise en *dʒ* dans :

paginam	>	**pagina**	*p̄'adʒina*	"page"
legem	>	**lege**	*l̄'edʒi*	"loi"

on note même un renforcement de g en *k* dans un mot (isolé) comme :

tegulam	>	**tecula**	*t̄'ɛkula*	"tuile"

Il existe d'ailleurs dans d'autres régions un traitement "normal" de tegula en *t̄'ɛdja.*

Tous ces traitements ne sont pas d'égale importance; ainsi il est clair qu'à *Veru* le traitement *dʒ* du g latin est marginal. Mais nous nous contentons ici de faire l'inventaire de ces traitements; il appartiendra ensuite aux études de phonologie diachronique de les trier et de les expliquer.

qu connaît plusieurs traitements à l'intervocalique :

— il se conserve dans :

aquam	>	**acqua**	*'ak̄wa*	"eau"

— il perd son appendice labiovélaire dans :

aquilam	>	**acula**	*'akula*	"aigle"
antiqui	>	**antichi**	*ant̄'iki*	"ancêtres"

— il se palatalise en *tʃ* devant e latin (par l'intermédiaire de k); c'est le cas de :

torquere	>	**torce**	*t̄'ort̄ʃa*	"tordre"	
coquere	>	**coce**	*k̄'otʃa*	"faire cuire"	etc...

Les fricatives intervocaliques connaissent, en règle générale, un affaiblissement qui se manifeste sous la forme d'une sonorisation.

f > *v*	profanare	>	**prufanà**	*pruvan'a*	"profaner"
	profectum	>	**prufitu**	*pruv'itu*	"profit" (4)
s > *z*	thesaurum	>	**tisoru**	*t̄iz'ɔru*	"trésor"
	causam	>	**cosa**	*k̄'ɔza*	"chose"
	risum	>	**risu**	*r̄'izu*	"rire"
	pausare	>	**pusà**	*p̄uz'a*	"s'asseoir"
m > *m*	clamare	>	**chjamà**	*tjam'a*	"appeler"
	homo	>	**omu**	*'omu*	"homme"
	romicem	>	**romicia**	*r̄'ɔmitʃa*	"oseille"
	amicum	>	**amicu**	*am'iku*	"ami"
n > *n*	lunam	>	**luna**	*l̄'una*	"lune"
	cinerem	>	**cenara**	*t̄ʃ'ɛnara*	"cendre"
	pampin(um)	>	**pampana**	*p̄'amp̄ana*	"treille"
	granum	>	**granu**	*gr'anu*	"blé"

(4) Il s'agit en fait de f initial après préfixe, f intervocalique à l'intérieur d'un mot n'existant pas dans les mots latins d'origine.

r > *r*	pirum	>	**peru**	*p̄'εru*	"poire"
	carum	>	**caru**	*k̄'aru*	"cher"
	clarum	>	**chjaru**	*tj'aru*	"clair"
	securum	>	**sicuru**	*sik'uru*	"sûr"
l > *l*	mulum	>	**mulu**	*m̄'ulu*	"mulet"
	palam	>	**pala**	*p̄'ala*	"pelle"
	malum	>	**malu**	*m̄'alu*	"mal"
	pilum	>	**pelu**	*p̄'εlu*	"poil"

v intervocalique connaît deux traitements :

— il se maintient dans :

movere	>	**move**	*m̄'owa*	"mouvoir"
novem	>	**nove**	*n̄'oɥi*	"neuf"
nivem	>	**neve**	*n̄'εɥi*	"neige"
uvam	>	**uva**	*'uwa*	"raisin" etc...

— il s'efface, entraînant une contraction vocalique, dans :

civitatem	>	**cità**	*t̄ʃit'a*	"ville"
avicellum	>	**acellu**	*atʃ'edu*	"oiseau"

j intervocalique connaît également deux traitements :

— il se conserve dans :

majo(rem)	>	**majò**	*m̄aj'ɔ*	"grand"
trojam	>	**troia**	*tr'ɔja*	"truie"

— il passe à *dj* dans :

majum	>	**maghju**	*m̄'adju*	"mai"
pejus	>	**peghju**	*p̄'edju*	"pire"

Ici, encore, l'analyse diachronique devra s'efforcer de déterminer les conditions de ces deux traitements.

Le traitement des consonnes intervocaliques pourrait être schématisé dans le tableau suivant :

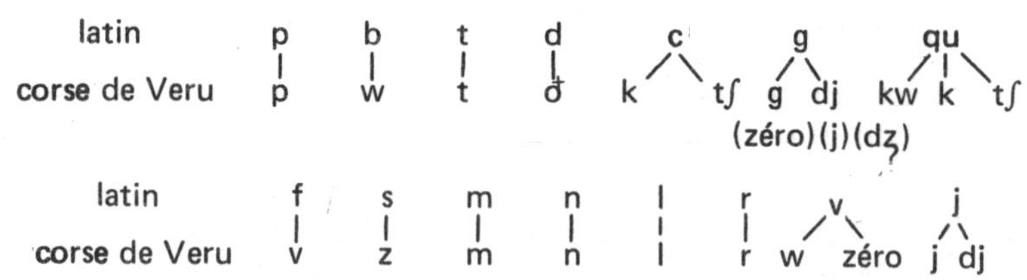

LES GROUPES DE CONSONNES.

Nous aborderons sous ce titre tous les phénomènes qui concernent le traitement de deux ou plusieurs consonnes consécutives en latin; il faut donc entendre par là non seulement les groupes consonantiques qui peuvent figurer au début d'une syllabe comme spr-, tr- etc... mais aussi ceux comme -nt-, -pt- etc... qui résultent de le rencontre de plusieurs consonnes à l'intérieur du mot, que celle-ci soit d'origine ou provoquée par la chute d'une voyelle. Parmi ces derniers, nous distinguerons ceux dont le premier élément est une sonante (m, n, l, r) de ceux dont le premier élément est une occlusive orale (p, b, t, d, c, g).

a) *groupes sonante finale de syllabe + consonne.*

Le traitement des consonnes qui se trouvent après -m, -n, -l, -r dans le mot a été examiné ci-dessus; il est pour l'essentiel semblable à celui des consonnes qui figurent à l'initiale du mot. Dans les exemples que nous en avons donnés est illustré également le comportement des sonantes finales de syllabe : le lecteur pourra donc s'y reporter. En règle générale, celles-ci se conservent. Nous mentionnons ici certaines particularités.

— Dans les séquences -mn- le m s'assimile au n qui suit. On a ainsi :

somnum > **sonnu** *s'ɔn̄u* "sommeil"

Cette assimilation relève, en fait, du traitement normal des occlusives finales de syllabes que nous verrons ci-dessous.

— Dans les séquences -ns-, n était tombé dès l'époque du bas latin : il n'apparaît donc généralement pas dans les mots corses. On a ainsi :

monstrare > **mustrà** *m̄ustr'a* "montrer"
me(n)sem > **mese** *m̄'ɛzi* "mois"

Mais la séquence -ns- s'est recréée dans de nombreux mots, qui peuvent être considérés comme "savants" : ainsi, on a **consulta** *k̄uns'ult̄a* "consulte", sur le latin consultam. Dans certains cas, il existe des doublets qui témoignent d'une évolution populaire à côté d'une formation savante. Ainsi, le verbe latin pensare a donné d'une part **pisà** *p̄iz'a* **"peser"** (évolution populaire) et d'autre part **pensà** *p̄ints'a* "penser", (formation savante). Par ailleurs, l'existence d'alternances du type **risponde** *r̄isp'ɔnda* "répondre", **risposta** *r̄isp'osta* "réponse", **defende** *div'ɛnda* "défendre", **difesu** *div'ɛzu* "défendu", etc... montre que le -n- d'origine s'est maintenu lorsqu'il n'était pas suivi de -s.

b) *groupes occlusive finale de syllabe + occlusive.*

En **corse**, les consonnes occlusives sont interdites en finale de syllabe. (cf. phonologie). L'évolution phonétique du latin au **corse** va donc tendre à résoudre ces groupements qui existaient en latin. Le procédé le plus général de résolution de ces groupes consonantiques est l'assimilation du premier terme au second (ce que nous notons par une consonne forte, par exemple t̄, équivaut à la géminée tt).

C'est ce que l'on peut constater dans les exemples suivants :

aptum > **attu** *'at̄u* "apte"
factum > **fattu** *f'at̄u* "fait"

pectus	>	**pettu**	*p̄'et̄u*	"poitrine"
sanctum	>	**santu**	*s'ant̄u*	"saint"
adtentionem	>	**attinzione**	*at̄intsj'ɔni*	"attention"
lactem	>	**latte**	*l̄'at̄i*	"lait"
punctum	>	**puntu**	*p̄'unt̄u*	"point"
vecturam	>	**vittura**	*vit̄'ura*	"voiture" (5) etc...

La séquence -ks- (x dans l'écriture) se laisse apparemment ramener au cas général, c'est-à-dire à l'assimilation progressive. On a ainsi :

buxum	>	**bussu**	*b'usu*	"buis"
axum	>	**assu**	*'asu*	"axe"
maxillarem	>	**massillare**	*m̄asid'ari*	"mâchoires"
sexantem	>	**sessanta**	*sis'ant̄a*	"soixante", etc...

Il existe cependant un autre traitement, celui qui apparaît dans :

cŏxam	>	**coscia**	*k̄'oʃa*	"cuisse"
laxare	>	**lascià**	*l̄aʃ'a*	"laisser"

Il faut par ailleurs signaler le traitement du groupement -gn-, qui passe à -nj-, -gn- étant d'ailleurs maintenu dans l'orthographe (ci-dessus, p. 108). Citons par exemple :

agnellum	>	**agnellu**	*anj'edu*	"agneau"
lignum	>	**legnu**	*l̄'ɛnju*	"bois"
stagnum	>	**stagnu**	*st'anju*	"étang"
cognatum	>	**cugnatu**	*k̄unj'atu*	"beau-frère", etc...

c) *Géminées latines.*

En règle générale, on peut dire qu'elles se conservent en corse de Veru sous la forme de consonnes fortes :

-pp-	cappam	>	**cappa**	*k̄'ap̄a*	"cape"
bas-lat.	troppus	>	**troppu**	*tr'op̄u*	"trop"
-tt-	mittere	>	**mette**	*m̄'et̄a*	"mettre"
suff.	-ittus	>	**-ettu**	*-'ɛt̄u*	(diminutif) (6)
-cc-	buccam	>	**bocca**	*b'ɔk̄a*	"bouche"
	vaccam	>	**vacca**	*v'ak̄a*	"vache"
-mm-	flammam	>	**fiamma**	*fj'am̄a*	"flamme"
	mammam	>	**mamma**	*m̄'am̄a*	"mère"
-nn-	annum	>	**annu**	*'an̄u*	"an"
	panni	>	**panne**	*p̄'an̄i*	"langes"
-rr-	carrum	>	**carru**	*k̄'ar̄u*	"char"
	turrim	>	**torre**	*t̄'ɔr̄i*	"tour"

(5) Le mot **truita** *tr'uita* "truite" témoigne d'un traitement différent. Par ailleurs, il existe des exemples de traitement en *t* des séquences gt et gd dans frigidum **fretu** *fr'ɛtu* "froid", digitum **ditu** *d'itu* "doigt", magdelenam **Matalena** *m̄atal'ɛna* "Madeleine".

(6) Un traitement particulier apparaît dans :

guttam > **goccia** *g'ɔt̄ʃa* "goutte".

-ll-	illam	>	**ella**	*'ɛda*	"elle"
	bullire	>	**bolle**	*b'ɔda*	"bouillir" [7]
-ff-	affectum	>	**affettu**	*af'et̄u*	"affection"
	sufferire	>	**soffre**	*s'ofra*	"souffrir"
-ss-	rossum	>	**rossu**	*r̄'ɔsu*	"rouge"
	possum	>	**possu**	*p̄'osu*	"je peux"

Nous devons, de plus, mentionner un autre traitement de la géminée -ss-; il arrive que celle-ci, apparemment dans un contexte palatal, devienne *ʃ* :

vessicam	>	**viscica**	*viʃ'ika*	"vessie"

d) *Groupes consonantiques initiaux de syllabe.*

La distinction entre la position initiale et la position intervocalique, qui s'était avérée importante pour les consonnes simples, semble l'être moins ici : nous traiterons donc, ici, des groupes en général, et nous apporterons des précisions concernant leur position dans l'unité accentuelle chaque fois que cela sera pertinent.

— Les groupes de deux consonnes à premier élément s- :

On peut dire que, en règle générale, ces groupes se conservent, quelle que soit leur position dans l'unité accentuelle.

sp :	spinam	>	**spina**	*sp'ina*	"épine"
	spicum	>	**spicu**	*sp'iku*	"épi"
	respondere	>	**risponde**	*r̄isp'ɔnda*	"répondre"
	aspectum	>	**aspettà**	*aspit̄'a*	"attendre"
st :	stagnum	>	**stagnu**	*st'anju*	"étang"
	stare	>	**stà`**	*st'a*	"rester"
	testam	>	**testa**	*t̄'esta*	"tête"
	pastam	>	**pasta**	*p̄'asta*	"pâte"

sc : ce groupe semble rester intact devant voyelle postérieure, mais devient *ʃ* devant voyelle antérieure.

	scandalum	>	**scandalu**	*sk'andalu*	"scandale"	
	moscam	>	**mosca**	*m̄'ɔska*	"mouche"	
	scopam	>	**scopa**	*sk'ɔpa*	"bruyère"	
	auscultare	>	**ascultà**	*askul̄t̄'a*	"écouter"	
mais	scientiam	>	**scienzia**	*ʃij'ɛntsja*	"science"	
	nascere	>	**nasce**	*n̄'aʃa*	"naître"	etc...
	fascinam	>	**fascinu**	*faʃ'inu*	"fagot"	
	pascere	>	**pasce**	*p̄'aʃa*	"paître"	etc...

— Les groupes à dernier élément r.

spr :	asperum	>	**aspru**	*'aspru*	"âpre"
str :	strigem	>	**strega**	*str'ɛga*	"sorcière"
scr :	scribere	>	**scrive**	*skr'iwa*	"écrire"

(7) Rappelons que *d* représente /l̄/ à *Veru.*

pr :	premere	>	**preme**	*pr'ɛma*	"presser"
	proximum	>	**prossimu**	*pr'osimu*	"prochain"
	capram	>	**capra**	*k̄'apra*	"chèvre"
	aprilem	>	**aprile**	*apr'ili*	"avril"
tr :	trad(ere)	>	**tradì**	*trað'i*	"trahir"
	tres	>	**trè**	*tr'ɛ*	"trois"
	ostream	>	**ostricia**	*'ɔstritʃa*	"huître"
	nutr(ire)	>	**nutrisce**	*n̄utr'iʃa*	"nourrir"
cr :	crucem	>	**croce**	*kr'ɔtʃi*	"croix"
	crustam	>	**crusta**	*kr'usta*	"croûte"
	lacrimam	>	**lacrima**	*l̄'akrima*	"larme"
	acrum	>	**acru**	*'akru*	"âcre" (8)
br :	bracchium	>	**bracciu**	*br'at̄ʃu*	"bras"
	bravum	>	**bravu**	*br'awu*	"brave"
	labram	>	**labra**	*l̄'abra*	"lèvre"
	fabricam	>	**fabrica**	*f'abrika*	"fabrique" (9)
dr :	drappum	>	**drappu**	*dr'ap̄u*	"drap"
	quadr(atum)	>	**squadra**	*skw'adra*	"équerre"
gr :	grandinem	>	**grandina**	*gr'andina*	"grêle"

A l'intervocalique, le groupe -gr- semble passer à -r-, comme en témoignent :

fiara	*fj'ara*	"flamme"
sur	flagrare	"brûler"
neru	*n̄'ɛru*	"noir"
sur	nigrum	"noir"

fr :	frangere	>	**fragnà**	*franj'a*	"briser"
	frigere	>	**frighje**	*fr'idja*	"frire"

On peut donc conclure que les groupes en r se conservent généralement en

---

(8) Le groupe cr latin connaît d'autres traitements en corse mais ceux-ci sont isolés.

cryptam	>	**grotta**	*gr'ot̄a*	"grotte"
crassum	>	**grassu**	*gr'asu*	"gras"
macrum	>	**magru**	*m̄'agru*	"maigre"
cratem	>	**rate**	*r̄'ati*	"claie"

Mais la plupart de ces traitements se retrouvent dans d'autres langues romanes et doivent par conséquent résulter de changements survenus très tôt en latin.

(9) Dans le mot **freba** *fr'eba* "fièvre" febrim, le groupe d'origine n'apparaît plus : il y a eu métathèse. Le *r* qui formait groupe avec *b* est remonté à la syllabe précédente et forme groupe avec le *f* initial. Par ailleurs, pour le mot **fabrica** *f'abrika,* il existe dans certaines régions une variante *fr'abika*. Tous ces phénomènes relèvent du même processus; ils manifestent une tendance qui a dû exister à une certaine époque de la langue corse et qui consiste à simplifier les groupes en *r* intérieurs en faisant passer le *r* dans la syllabe initiale. C'est ainsi que l'on trouve *from'adju* "fromage" sur formam, *braŋk̄'adzju* "Pancrace", *dr'oma* "dormir" à Sotta en face de *d'orma, friw'adju* "février" à *Auddè* sur februarium etc...

corse. Rappelons, en ce qui concerne les groupes fr et gr, qu'ils connaissent, en position faible, des variantes, respectivement vr et r.

— Les groupes en l.

La caractéristique commune à tous ces groupes est qu'ils ont subi, en corse, une palatalisation : le l, lorsqu'il faisait partie d'un groupe de consonnes, est passé à *j* (10). De plus, les groupes cl et gl, latins ou romans (c'est-à-dire provenant de la chute d'une voyelle atone qui existait en latin classique) sont respectivement passés à *tj* et *dj*. Ce phénomène est caractéristique de la langue corse. Donnons quelques exemples de traitement de ces groupes en l :

spl :	displac(ere)	>	**dispiace**	*disp̄j'atʃa*	"déplaire"
pl :	planum	>	**pianu**	*pj'anu*	"plat"
	duplum	>	**doppiu**	*d'ɔp̄ju*	"double"
	plumam	>	**piuma**	*pj'uma*	"plume"
	cop(u)l(am)	>	**coppiu**	*k̄'ɔp̄ju*	"couple"
bl :	blitum	>	**bieta**	*bj'ɛta*	"blette"
	fib(u)lam	>	**fibia**	*f'ibja*	"boucle"
tl :	vẹt(u)lum	>	**vechju**	*v'etju*	"vieux"
cl :	clamare	>	**chjamà**	*tjam'a*	"appeler"
	clārum	>	**chjaru**	*tj'aru*	"clair"
	circ(u)lum	>	**chjerchju**	*tj'ɛrtju*	"cercle"
	cooperculum	>	**cuparchjulu**	*k̄up'artjulu*	"couvercle"
gl :	glomellum	>	**ghjumellu**	*djum'edu*	"pelote"
	c(o)ag(u)lare	>	**caghjà**	*k̄adj'a*	"cailler"
	glaciem	>	**ghjaccia**	*dj'at̄ʃa*	"glace"
	vig(i)lare	>	**vighjà**	*vidj'a*	"veiller" (11)
fl :	flatum	>	**fiatu**	*fj'atu*	"souffle"
	florem	>	**fiore**	*fj'ɔri*	"fleur"

— Les groupes en j.

Certains groupes en *j* se conservent dans le passage du latin au corse. C'est le cas de :

lĭ, lĕ, *lj*

mulĭer	>	**moglia**	*m̄'ɔlja*	"épouse"
palĕam	>	**paglia**	*p̄'alja*	"paille"

(10) Rappelons que l'analyse phonologique synchronique a établi qu'il n'y avait pas de groupes consonne + l en corse.

(11) Lorsque le groupe gl latin ou roman est précédé de n, il aboutit à *Veru* non pas à *ndj* comme on pourrait s'y attendre mais à *nj*; ungulam **ugna** *'unja* "ongle", cing(u)lam **cigna** *t̄ʃ'inja* "ceinture", etc...; la séquence *-ndj-* n'existe pas synchroniquement dans le parler de *Veru*. En revanche, dans d'autres régions, non seulement -ngl- latin aboutit à *-ndj-*, mais *nj* latin issu de nĭ ou nĕ suivi de voyelle passe également à *ndj* : vinĕam **vinghja** *b'indja*; dans ces parlers, c'est la séquence *nj* qui n'existe pas.

mĭ, mĕ, *mj*

vindemĭam	>	**vindemia**	*vind'ɛmja*	"vendanges"
simĭam	>	**scimia**	*ʃ'imja*	"singe"

nĭ, nĕ, *nj*

vinĕam	>	**vigna**	*v'inja*	"vigne"
calcanĕum	>	**calcagnu**	*k̄alk̄'anju*	"talon"
extranĕum	>	**stragnu**	*str'anju*	"étrange"
montanĕam	>	**muntagna**	*m̄unt̄'anja*	"montagne"

Le groupe cĭ, cĕ *kj* du latin se palatalise en *t̄ʃ* (12). On a ainsi :

bracchĭum	>	**bracciu**	*br'at̄ʃu*	"bras"
facĭ(em)	>	**faccia**	*f'at̄ʃa*	"visage"
glacĭam	>	**ghjaccia**	*dj'at̄ʃa*	"glace"
vinacĕam	>	**vinacea**	*vin'at̄ʃa*	"vinasse" (13)

Le groupe gĭ, *gj* du latin se palatalise en *dj*. On a ainsi :

plagĭam	>	**pjaghja**	*pj'adja*	"plaine"
fugĭam	>	**fughja**	*f'udja*	"fuite"

Le groupe tĭ, tĕ, *tj* du latin semble passer normalement à *ts* (14). On a par exemple :

titĭonem	>	**tizzone**	*t̄its'ɔni*	"tison"
palatĭum	>	**palazzu**	*p̄al'atsu*	"palais"
lintĕolum	>	**linzolu**	*l̄ints'olu*	"drap"
putĕum	>	**pozzu**	*p̄'ɔtsu*	"puits"

Le groupe dĭ, *dj* du latin connaît des traitements divers parmi lesquels il est difficile de discerner une régularité.

dj reste *dj* dans :

dĭurnus	>	**ghjornu**	*dj'ɔrnu*	"jour"
podĭum	>	**poghju**	*p̄'odju*	"hameau"

Mais il y a diérèse dans :

dĭabolum	>	**diavulu**	*dij'awulu*	"diable"

On a d'autre part passage de *dj* à *dz* dans :

prandĭum	>	**pranzu**	*pr'andzu*	"repas"
hordĕum	>	**orzu**	*'ordzu*	"orge"

Le groupe sĭ, sĕ *sj* du latin passe à *ʒ*. On a par exemple :

basĭum	>	**basgiu**	*b'aʒu*	"baiser"
casĕum	>	**casgiu**	*k̄'aʒu*	"fromage"
fasĕolum	>	**fasgiolu**	*faʒ'olu*	"haricot"
camisĭam	>	**camisgia**	*k̄am'iʒa*	"chemise" etc...

(12) Il existe toutefois calceam **calza** *k̄'altsa* "bas".

(13) **ghjudiziu** *djuđ'idzju* "jugement" < judicium n'atteste pas un traitement normal.

(14) On a quelques exemples de passage de *tj* latin à *dzj* : spatium **spaziu** *sp'adzju* "espace", gratiam **grazia** *gr'adzja* "grâce". Mais cela ne semble pas représenter le traitement corse. Quant à rationem *r̄adj'ɔni* "raison" et stationem *stadj'ɔni* "saison", ce sont des cas isolés.

Le groupe rĭ, rĕ, *rj* semble avoir abouti normalement à *dj*. On a ainsi :

arĕam > **aghja** *'adja* "aire"
parĭam > **paghja** *p̄'adja* "paire"
corĭum > **coghju** *k̄'odju* "cuir"
rasorĭum > **rasoghju** *r̄az'ɔdju* "rasoir", etc...

Les mots comme :

(hi)storĭam > **storia** *st'orja* "histoire"
memorĭam > **memoria** *m̄im'orja* "mémoire", etc...

qui conservent la séquence -rj-, ne sont pas d'origine populaire.

Nous avons, dans les pages qui précèdent, étudié l'aboutissement corse des sons latins. Il est évident, répétons-le, que cela ne représente que l'amorce du travail qui reste à faire et qui consiste à étudier comment on est passé du système phonologique latin au système phonologique corse. Pour l'instant, nous nous sommes contentés d'établir des correspondances terme à terme entre les deux systèmes.

Nous récapitulons ci-dessous les résultats sous forme d'un tableau qui indique la provenance des phonèmes consonantiques du corse de Veru. Il complète ainsi les tableaux donnés plus haut qui décrivent les correspondances dans l'autre sens.

Cette double présentation peut donner, sans doute, une idée de la manière dont un système phonologique évolue et se transforme. En effet, nous l'avons dit, ce ne sont pas les éléments (en l'occurrence, les phonèmes) qui se transforment, mais le système auquel ils appartiennent. Dans le passage du latin au corse, des oppositions phonématiques vont se créer, d'autres se perdre, etc... Ainsi, les "hasards" de l'évolution phonétique peuvent faire que deux phonèmes (ou groupes de phonèmes) distincts à l'origine se confondent. C'est par exemple le cas de b et w latins, qui ont tous les deux abouti dans certaines conditions à /w/ en corse : fabam **fava** *f'awa*, uvam **uva** *'uwa*. Inversement, il peut se faire qu'un phonème de la langue de départ (le latin) aboutisse à deux phonèmes dans la langue d'arrivée, et ce par le biais de variantes contextuelles : ainsi le phonème /k/ du latin est devenu *k* ou *tʃ*, selon qu'il figurait devant voyelle non palatale ou devant voyelle palatale. Par ailleurs, il s'est créé, dans la langue d'arrivée, des séquences du type *k* + voyelle antérieure (*k'i*, *am'iki*), ou *tʃ* + postérieure (*f'atʃuli* "facile"), essentiellement sous la pression de régularités morphologiques : cela a abouti à la phonologisation de /k/ et /tʃ/. Le corse possède donc là deux phonèmes issus d'un même phonème latin.

Les phénomènes de ce genre peuvent faire comprendre les profondes restructurations auxquelles est sujet un système linguistique. Le tableau ci-dessous ne fait qu'en donner un aperçu.

PROVENANCE DES PHONÈMES DU CORSE DE *VERU*

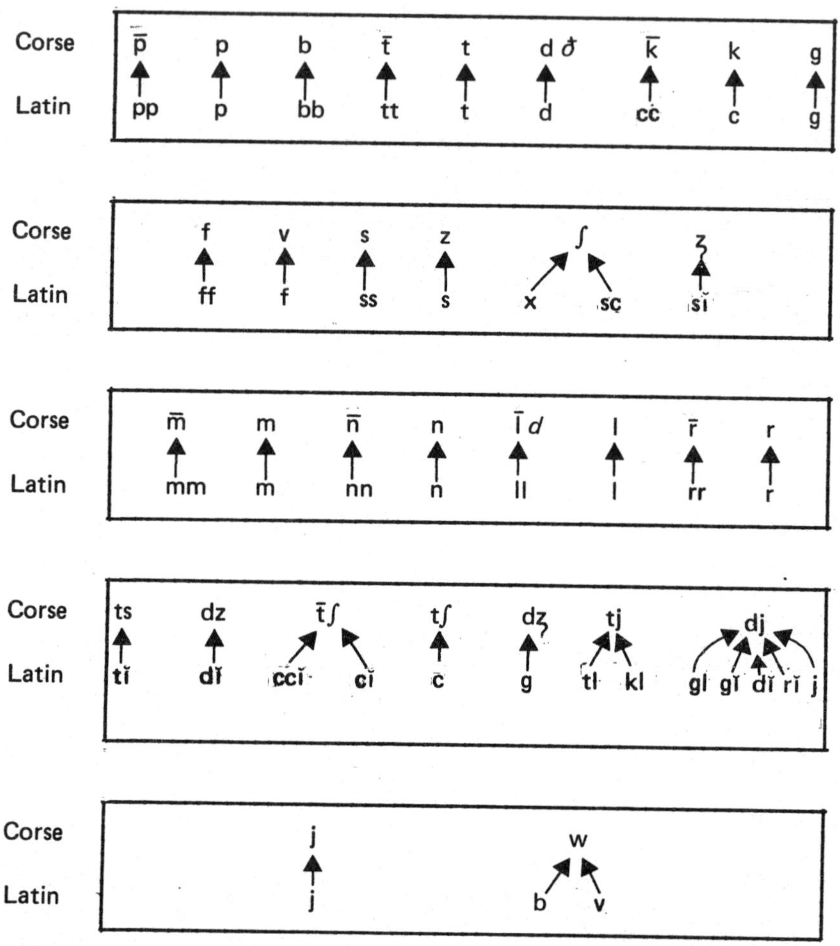

Les tableaux qui figurent dans les pages qui précèdent font apparaître le caractère "archaïque" du consonantisme corse et montrent combien il est resté proche du consonantisme latin. Ce tableau-ci met en évidence ce qui constitue les particularités du consonantisme corse : il fait apparaître que les modifications essentielles qui ont eu lieu dans le passage du latin au corse se sont produites par le biais des phénomènes de palatalisation, c'est-à-dire, à l'origine, par l'évolution des groupes latins en *l* et *j*. L'origine du groupe consonantique *dj*, en corse, est significative à cet égard. *dj* corse n'est que dans une très faible mesure continuateur de *dj* latin. En revanche, divers phonèmes ou groupes de phonèmes latins ont évolué de manière convergente en *dj*. Ces phénomènes d'évolution confèrent à la langue corse sa physionomie particulière au sein de la famille des langues romanes.

CHAPITRE VI

DES PARLERS A LA LANGUE

Nous avons jusqu'à présent mené cette étude en considérant chaque parler comme une langue, c'est-à-dire comme un système linguistique capable d'assurer sa fonction de communication, ce qu'il est de fait. Il convient à présent de montrer plus précisément les liens qu'entretiennent ces parlers au sein de la langue corse. Soulignons ici encore le caractère doublement fragmentaire de l'étude présentée : la comparaison ne concerne que quelques parlers et ne porte que sur certains problèmes d'ordre phonologique.

Avant toutefois d'aborder ces problèmes de dialectologie corse, nous voudrions faire quelques observations sur la situation dialectale du corse et essayer de préciser cette impression d'unité et de diversité de la langue corse que tout Corse ressent.

L'unité, c'est peut-être bien d'abord l'intercompréhension. Si l'on veut bien laisser de côté l'îlot linguistique bonifacien, que l'on a coutume de rattacher au gênois, l'intercompréhension est un fait d'un bout à l'autre de l'île. Bien sûr, un locuteur originaire de telle région peut employer un "mot" que tel autre, originaire de telle autre région, ne comprendra pas forcément : mais il peut aussi se faire qu'un cordonnier, par exemple, emploie un terme technique concernant son métier, qu'un berger, pourtant originaire du même village, ne comprendra pas forcément. Il ne s'agit pas là, à proprement parler, de problèmes de compréhension inter-dialectale, puisque les difficultés peuvent se retrouver à l'intérieur d'un même dialecte, mais de problèmes de niveau de culture. Mais l'intercompréhension ne peut, à elle seule, fonder l'unité linguistique; car il y a intercompréhension aussi entre un Porto-vecchiais et un Gallurais, ou entre un Bastiais et un Toscan. L'unité d'une langue, au sens linguistique, c'est autre chose. Une langue n'existe qu'au travers de ses variations, elle est à découvrir — à reconstruire — au delà de la diversité et d'ailleurs à partir de la diversité. La langue corse, ce ne peut être que le système qui soustend et à partir duquel s'expliquent les variations dialectales. C'est au fond ce concept de système commun sous-jacent, de système de base, de diasystème, comme on dit quelquefois, que nous essaierons d'expliciter dans le reste de ce chapitre.

La diversité linguistique en Corse est également patente. Les Corses ont d'ailleurs un sentiment assez net de cette diversité; ils repèrent aisément la région d'origine d'un interlocuteur inconnu lorsqu'ils l'entendent parler. Nous nous bornerons ici à quelques remarques sur la nature de ces variations régionales.

Les différences peuvent intervenir au niveau syntaxique. La syntaxe des différents parlers corses mérite évidemment d'être étudiée de très près : mais étant donné l'absence de monographies consacrées à ce domaine, un travail comparatif sérieux est impossible. Il semble cependant que l'on puisse avancer, sans trop de risques d'erreur, que les différences syntaxiques existant entre les différents parlers corses sont peu importantes.

Les différences peuvent également être d'ordre lexical. Les différences de ce genre sont, en vérité, nombreuses en Corse, et ce sont d'ailleurs celles qu'un observateur extérieur non spécialiste, de même que les locuteurs eux-mêmes, repèrent le plus facilement. Généralement, en effet, lorsqu'on prétend qu'il existe de nombreuses différences entre les parlers corses, ce sont des arguments de ce genre, c'est-à-dire concernant le lexique, que l'on avance. Ainsi, la même réalité — le même référent — peut être désignée, selon les régions, par des mots différents; c'est le cas pour :

"le chien"	**u cane**	*u g'anɛ*	Nord
	u ghjacaru	*u j'akaru*	Sud.

Ou bien, le même mot peut, selon les régions, désigner deux ou plusieurs réalités différentes; c'est le cas pour :

a scruchjetta	*a skrutj'ɛt̄a*	"la braguette"	Nord
		"le lumbago"	Sud.

Ces différences nous semblent relativement superficielles; bien sûr, nous ne pouvons pas préjuger, en l'absence d'études lexicales approfondies, de l'incidence que ces phénomènes peuvent avoir sur la structure des champs lexicaux dans l'une ou l'autre région, mais nous ne croyons pas que des variations lexicales de ce genre puissent altérer l'identité de la langue.

En se plaçant d'un point de vue différent, on pourrait d'ailleurs dire que la diversité lexicale, loin de constituer un handicap et un facteur de division, peut au contraire apparaître comme une richesse de la langue. Posséder plusieurs termes pour une même réalité, c'est ce que l'on appelle généralement "avoir un vocabulaire riche". On peut d'ailleurs imaginer que, les communications entre les diverses régions s'améliorant et l'usage de la langue se développant, l'évolution de celle-ci ira dans le sens d'une certaine uniformisation au niveau du lexique, certains mots s'éliminant d'eux-mêmes, d'autres au contraire se spécialisant, introduisant ainsi des distinctions, des "nuances de sens" qui n'existaient pas auparavant, etc...

Rappelons que, au XVIe siècle, lorsque les poètes français ont voulu "défendre et illustrer" la langue française, ils sont allés puiser, dans les provinces françaises, des termes qui sont venus enrichir le fond commun. Il s'est ensuite établi une sorte de sélection naturelle, certains termes ayant fait fortune, d'autres étant, au contraire, tombés en désuétude. C'est d'ailleurs un peu à ce genre de phénomène que, avec le renouveau que connaît actuellement la culture corse, on assiste aujourd'hui [(1)].

Il peut également exister, entre les divers parlers corses, des différences d'ordre morphologique, c'est-à-dire concernant les formants qui composent les unités significatives. Il est évident, ici aussi, que ces faits doivent faire l'objet d'études exhaustives et minutieuses : il convient de comparer en détails les divers systèmes morphologiques existant dans les diverses régions de Corse. Mais sans doute peut-on d'ores et déjà penser que cette étude morphologique comparative ferait apparaître que nombre des différences existant sur le plan morphologique peuvent se ramener à des différences d'ordre phonologique.

Les différences d'ordre phonologique concernent les différentes manières dont les divers parlers utilisent le matériau phonique qu'ils ont à leur disposition. Bien que les différences de ce type soient relativement nombreuses, très curieusement, c'est de celles-ci qu'un "locuteur moyen" a le moins conscience. Il pourra, généralement, reconnaître, comme nous l'avons dit, que son interlocuteur est étranger à la région, et même, parfois, déterminer sa région d'origine. Mais il sera la plupart du temps incapable de voir avec précision quelles sont les différences qui existent : tout ce qu'il notera, c'est que, globalement, l'interlocuteur a un "accent" étranger à la région. Car ces différences d'ordre phonologique sont généralement englobées sous le terme d'"accent". Or on peut dire, en schématisant un peu, qu'avoir tel ou tel "accent", c'est, finalement, avoir tel ou tel système phonologique. Ce sont exclusivement les problèmes de comparaison au niveau phonologique que nous tenterons d'aborder ici.

Une dernière remarque avant d'entrer dans des considérations plus techniques : la situation linguistique corse n'est pas unique; il ne faudrait pas croire que la diversité linguistique n'existe qu'en Corse. Le français, l'anglais, l'italien etc... connaissent également une grande diversité. Sans vouloir prétendre que la diversité des français parlés en France est nécessairement de même type et de même origine que celle des parlers corses en Corse, nous voudrions rappeler que l'existence ***du*** français [(2)] (au sens courant du terme, si *le* français réfère à un système unique qui serait parlé partout) n'est qu'une illusion : chaque région de France possède son français. Regardons par exemple, sur

---

(1) Cf. notamment, les nombreuses rubriques consacrées au lexique dans l'ensemble de la presse locale, les travaux de l'A.D.E.C.E.C., etc...

(2) Il va de soi que le choix de l'exemple français est ici purement arbitraire : ces remarques pourraient s'appliquer à toute autre langue.

un nombre de cas très limité, comment les choses se passent au niveau du système phonologique. On reconnaît en français l'existence des phonèmes vocaliques suivants :

voyelles orales			voyelles nasales		
i	ɥ	u			
e	ø	o	ɛ̃	œ̃	ɔ̃
ɛ	œ	ɔ		ã	
a		ɑ			

Or il semble qu'il s'agisse là de quelque chose de tout à fait théorique : on peut se demander s'il existe une seule région de France où ces oppositions vocaliques coexistent. Ainsi, dans la région parisienne, il existe bien une opposition entre /ɑ/ et /a/ : on distingue ainsi : **patte** *p'atə* de **pâte** *p'ɑtə* etc... Mais, dans cette même région, l'opposition /ɛ̃/ ~ /œ̃/ n'existe pas : on ne fait pas de distinction entre **brin** *bʁ'ɛ̃* et **brun** *bʁ'œ̃* tous deux prononcés *bʁ'ɛ̃* ou entre **geint** *ʒ'ɛ̃* et **jeun** *ʒ'œ̃* tous deux prononcés *ʒ'ɛ̃*. En Corse, la situation est inversée : l'opposition /ɛ̃/ ~ /œ̃/ est utilisée, en revanche /ɑ/ ~ /a/ n'existe pas. Dans le Midi de la France, en Provence par exemple, la situation est encore différente : absence de l'opposition /a/ ~ /ɑ/, présence de l'opposition /ɛ̃/ ~ /œ̃/, comme en Corse. Mais il existe par ailleurs une différence profonde entre le vocalisme du français de Provence et celui du français de Corse : alors qu'en français de Corse on peut opposer, dans la plupart des contextes, /e/ et /ɛ/, et /o/ et /ɔ/, cela est impossible en français de Provence.

Ainsi, en Corse, on distinguera **saute** *s'otə* de **sotte** *s'ɔtə*. En Provence, les deux mots seront prononcés *s'ɔtə*. En Corse, on fera une différence entre **chanté** *ʃɑ̃t'e* et **chantait** *ʃɑ̃t'ɛ*. En Provence, la seule réalisation possible sera *ʃɑ̃t'e*. C'est là un des aspects de ce que l'on appelle "l'accent du Midi".

Il faut souligner que ces variations, loin d'être superficielles, affectent l'économie du système vocalique français. Étant donné que *e* et *ɛ*, *o* et *ɔ*, *ø* et *œ* ne s'y opposent jamais en aucun contexte, le français de Provence comporte trois phonèmes vocaliques de moins que, par exemple, le français de Corse :

français de Provence			français de Corse		
/i/	/ɥ/	/u/	/i/	/ɥ/	/u/
/e/	/ø/	/o/	/e/	/ø/	/o/
	/a/		/ɛ/	/œ/	/ɔ/
				/a/	

Les exemples de ce genre pourraient être multipliés, et détaillés. Mais notre propos, ici, ne consiste pas à établir les divers systèmes phonématiques du français. Il s'agit seulement pour nous de montrer qu'il existe divers systèmes phonématiques en français comme il existe divers systèmes phonématiques en corse et que cela n'empêche pas que l'on parle *du* français.

Qu'est-ce qui explique alors la perception différente que l'on a généralement de ces deux langues ? Comment se fait-il que l'existence *du* français ne soit guère mise en doute et que celle *du* corse fasse difficulté ? Ces questions relèvent non pas de la linguistique mais de la sociolinguistique, car les facteurs qui interviennent (existence d'une norme, d'une orthographe etc...) sont d'ordre extra-linguistique.

Il convient maintenant de préciser un peu la notion de langue corse et de lever un certain nombre d'équivoques qui, bien que généralement dépassées aujourd'hui, n'en ressurgissent pas moins parfois. Le corse, ce n'est pas ce que d'aucuns appellent "le corse majoritaire", c'est-à-dire la variété de corse qui serait parlée dans la majeure partie de l'île. On peut dire deux choses à ce sujet. Tout d'abord, à l'intérieur même de l'aire d'extension qui est définie pour le "corse majoritaire", on constate des différences relativement importantes, notamment au niveau du système vocalique (existence d'un phonème supplémentaire dans certaines régions cf. ci-dessus, phonologie) qui font que cette notion est irrecevable telle quelle : il faudrait au moins prouver que les différences qui existent à l'intérieur du "corse majoritaire" sont plus faibles, linguistiquement parlant, que celles qui existent entre le "corse majoritaire" et les autres parlers, ce qui n'est pas a priori évident.

Par ailleurs, il faut dire que, si "corse majoritaire" il y a, celui-ci n'est pas pour autant le corse : il n'est jamais, au même titre que les autres, qu'une variété de corse. Le fait qu'il soit parlé par une majorité d'individus n'implique rien quant à sa valeur, à son identité. Que ce corse parvienne un jour à s'imposer comme langue officielle, faisant du même coup apparaître tous les autres parlers comme des "dialectes", au sens trivial du terme, en quelque sorte des "sous-langues", cela est possible. Mais cette "normalisation" sera opérée sur des bases politiques, et non sur des bases linguistiques. "Une langue", ne l'oublions pas, "c'est un dialecte avec son armée". Toute tentative d'imposer ce corse — que ce soit par le biais de l'enseignement, ou de toute autre manière — relèverait purement et simplement de l'impérialisme linguistique.

Le corse, ce n'est pas non plus le corse "le plus pur", du moins au sens où on l'entend habituellement. Nous avons dit ci-dessus qu'une langue n'était jamais, en dernière analyse, qu'une "corruption" de l'état de langue précédent : le corse n'est rien d'autre, grossièrement parlant, que du latin abâtardi, etc... Par ailleurs, nous avons insisté sur le fait que le développement d'une langue à travers le temps se présentait comme un continuum. On se demande, par conséquent, comment on pourrait, en tel point précis de l'histoire de la langue, décréter que désormais il s'agit du corse, et que ce corse est le corse originel, par conséquent le plus "pur". On se demande également comment on pourrait établir aujourd'hui que ce corse "pur" c'est précisément celui que l'on parle dans telle ou telle région.

Il faut d'ailleurs être conscient du caractère idéologique que revêt très souvent un jugement de ce type, sur la "pureté" d'une langue. Reprenons l'exemple du français. Ce n'est pas par hasard que l'on considère généralement que le français le plus pur est le français de l'Ile de France : il s'agit d'une région politiquement dominante. Toutes les variétés régionales du français sont dès lors jugées par rapport à cette norme, véritable étalon linguistique.

En fait, cette notion de "pureté" en matière linguistique semble assez difficile à cerner. On peut dire que toute langue, à différentes époques de son histoire, s'est trouvée en contact avec une ou plusieurs autres langues dont elle a pu, à des degrés divers, subir l'influence. La langue, dans ces situations, réagit d'elle-même. Elle peut réagir en rejetant purement et simplement cette influence. Elle peut aussi en intégrer les effets. L'intégration de faits nouveaux peut avoir pour conséquence, à terme, la modification du système linguistique de la langue considérée. Il faut bien noter que le jugement de pureté porté sur la langue est tout relatif en fonction de l'époque considérée. A l'époque où la langue subit une quelconque influence extérieure, ce qui ne provient pas de cette influence extérieure, c'est-à-dire qui est acquis par la langue, est considéré comme "pur" et "authentique". Or, il peut se faire que, à une étape précédente, certains de ces faits jugés désormais "purs" et "authentiques", aient été ressentis comme étrangers. C'est ainsi que le corse a subi, à un moment donné de son histoire, comme les langues romanes en général, et les dialectes italiens en particulier, une influence germanique. Les résultats de cette influence, aujourd'hui, ne sont plus perçus. C'est par l'intermédiaire des emprunts germaniques que s'est créé, en corse, un groupe consonantique g^w à l'initiale des mots : ce groupe fait aujourd'hui partie du système phonologique du corse, et des mots comme **guerra** *gw'ɛr̄a* "guerre" **guanti** *gw'ant̄i* "gants", etc... sont considérés comme "authentiques". Sur le plan du lexique, des mots comme **staffi** *st'afi* "étriers", **schinchi** *sk'iŋk̄i* "os", sont aujourd'hui ressentis comme faisant partie du patrimoine linguistique : ils proviennent pourtant du germanique et ont dû être ressentis, à un moment donné, comme des mots étrangers. On pourrait dire la même chose de l'influence toscane, de l'influence française, etc... Il semble donc qu'à tout moment de l'histoire d'une langue on puisse ainsi définir une "structure étroite" comprenant ce qui est parfaitement acquis et intégré par la langue, et qui apparaît par conséquent comme "pur", et une "structure large", qui englobe ce qui provient d'influences extérieures, et qui peut être ressenti dès lors comme "impur". Par ailleurs, il faut remarquer que les réactions de "purisme" que l'on observe à certains moments de l'histoire d'une langue — et c'est peut-être le cas, actuellement, pour la langue corse — représentent une réaction de défense de la part d'une langue qui se sent menacée, dans son identité, par des influences extérieures.

Toutes les questions que nous avons évoquées mériteraient de faire l'objet de réflexions approfondies, nous n'avons qu'effleuré le sujet. Ce qui nous semble devoir être retenu cependant, étant donné le point de vue qui est ici le nôtre, c'est que, lorsque l'on cherche à cerner le corse, il est prudent de rejeter ces notions de "langue majoritaire", ou de "langue la plus pure" : il s'agit là de notions beaucoup trop approximatives, mal définies, et parfois dangereuses (vus les présupposés idéologiques qu'elles peuvent impliquer) pour que l'on puisse les utiliser avec sérieux : nous chercherons donc un autre type de définition de la langue corse.

D'un point de vue linguistique, l'expression langue corse a un sens. Mais cette langue n'est pas nécessairement celle qui est utilisée dans telle région particulière ou par telle communauté particulière; la langue corse existe au-delà de tout cela. C'est un système linguistique qui peut fort bien ne se trouver réalisé de manière complète en aucun point de l'espace ni du temps mais qui sous-tend tous les parlers régionaux; c'est la base commune, le système sous-jacent à tous les parlers corses. Et c'est à sa mise à jour que doit contribuer le présent chapitre. Nous aborderons successivement quelques problèmes posés par le vocalisme puis par le consonantisme corses.

En ce qui concerne les voyelles du corse, les chapitres précédents ont permis d'établir une classification typologique. L'étude de différents parlers : Extrême-Sud *(Auddè)*, Centre-Sud *(Veru)*, Nord-Est *(Casinca, Cervioni)* et Nord-Ouest *(Niolu, Balagna)* a fait apparaître que :

– NE et NO utilisent les mêmes sons vocaliques (au nombre de 8),
– CS et ES utilisent également les mêmes sons vocaliques (au nombre de 7),
– NO, CS et ES possèdent phonologiquement le même système vocalique,
– NE a un système vocalique qui **tend à se singulariser.**

Le but du présent chapitre est de procéder à une comparaison terme à terme des voyelles des différents parlers. Nous nous proposons donc ici de décrire dans un premier temps les variations vocaliques régionales puis de montrer à partir de quelle base et au moyen de quelles règles on peut prédire ces variations.

Considérons d'abord un premier ensemble de régions, constitué de NE, NO, CS. Nous allons, à l'aide d'un tableau, enregistrer les correspondances qui existent entre les trois parlers sur le plan des voyelles. Précisons que nous limiterons notre comparaison aux voyelles accentuées. Dans ce tableau figurent aussi bien les cas dans lesquels une voyelle varie d'un parler à l'autre que ceux dans lesquels elle ne varie pas.

Les rapports entre voyelles accentuées **des trois parlers** apparaissent à travers les mots suivants :

		Nord-Est	Nord-Ouest	Centre-Sud	
1	**filu**	*f'ilu*	*f'iłu*	*f'ilu*	"fil"
2	**mele**	*m̄'elɛ*	*m̄'ełɛ*	*m̄'eli*	"miel"

		Nord-Est	Nord-Ouest	Centre-Sud	
3	**peru**	*p'εru*	*p'εru*	*p̄'εru*	"poirier"
4	**veni**	*b'æni*	*b'æ̃ŋi*	*v'εni*	"tu viens"
5	**vermu**	*b'ærm̄u*	*b'arm̄u*	*v'arm̄u*	"ver" (3)
6	**pala**	*p'ala*	*p'aɫa*	*p̄'ala*	"pelle"
7	**fiore**	*fj'ɔrε*	*fj'ɔrε*	*fj'ɔri*	"fleur"
8	**fora**	*f'ora*	*f'ora*	*f'ora*	"dehors"
9	**mulu**	*m̄'ulu*	*m̄'uɫu*	*m̄'ulu*	"mulet" (4)

Signalons, parmi les différences qui existent entre ces mots, celles qui ne sont pas pertinentes ici. En premier lieu, les variations consonantiques b/v, l/ɫ, n/ŋ étudiées par ailleurs; en second lieu, les variations concernant les voyelles post-toniques que nous n'aborderons pas; enfin le caractère nasal de la voyelle dans le mot 4 de NO : l'analyse des parlers du NO a montré en effet que la nasalisation de la voyelle dépendait de la consonne nasale qui la suit et n'était donc pas un trait propre de la voyelle.

Cela éliminé, les correspondances entre les voyelles accentuées des trois parlers s'établissent ainsi :

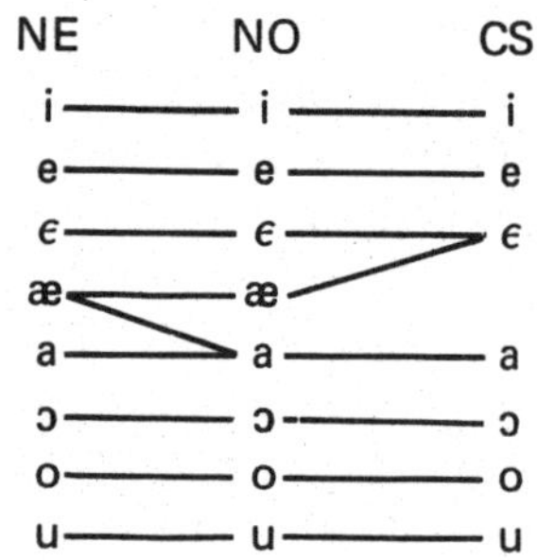

Il apparaît clairement dans ce schéma que, d'une part, les trois sons *є*, *æ* et *a* ne se répartissent pas de la même manière dans les parlers du NE et du NO et que, d'autre part, les parlers du CS ne connaissant pas le son *æ*, des réductions s'opèrent. Il n'est pas possible, a priori, de prévoir à partir de l'un quelconque des trois parlers quelles seront les réalisations vocaliques dans les deux autres. Ainsi, si l'on prend comme base NE, on ne pourra prévoir à quoi correspond *æ* dans NO : sera-ce *æ* ou *a* ? Si l'on prend NO comme

---

(3) Il existe aussi quelques cas pour lesquels à un *æ* du NE correspond un *є* à *Veru*. Par exemple **tersu** *t'ærtsu* (Casinca), *t̄'єrtsu* (Veru) "troisième".

(4) Nous n'avons pas mentionné dans ce tableau, pour simplifier le développement, les cas où à un *e* de *Veru* correspond un *є* dans le Nord, comme :

	Nord	Centre-Sud	
veru	*b'єru*	*v'eru*	"vrai"
legi	*l̄'єdʒi*	*l̄'edʒi*	"loi"
cresce	*kr'єʃa*	*kr'eʃa*	"croître"

C'est un problème qui mériterait une attention toute particulière.

base, on ne pourra prévoir à quoi correspond *a* dans NE : sera-ce *æ* ou *a* ? Enfin, si l'on prend CS pour base, on ne pourra prévoir à quoi correspond *ɛ* dans NE ou dans NO : sera-ce *ɛ* ou *æ* ?

Par conséquent, si l'on veut pouvoir établir les correspondances terme à terme entre les parlers, il faut faire en sorte qu'à un élément de l'un des parlers ne corresponde qu'un seul élément d'un autre parler, ce qui peut être obtenu en posant le système suivant :

NE	NO	CS
i ——	i ——	i
u ——	u ——	u
e ——	e ——	e
o ——	o ——	o
ɔ ——	ɔ ——	ɔ
ɛ ——	ɛ ——	$ɛ_1$
$æ_1$ ——	æ ——	$ɛ_2$
$æ_2$ ——	a_1 ——	a_1
a ——	a_2 ——	a_2

Nous avons dissocié, dans ce schéma, un tableau supérieur, contenant les voyelles *i, u, e, o, ɔ,* qui ne font pas problème, d'un tableau inférieur dans lequel nous avons affecté d'indices les voyelles qui entraient dans une double correspondance.

Il reste à déterminer ce que représentent concrètement ces indices, et, pour cela, il nous faut nous référer aux analyses synchroniques qui figurent dans le chapitre III. On y a établi que *æ* dans le NO n'apparaît que devant *-n*, c'est-à-dire dans un contexte d'où *e* est exclu, et devant *-r* final de syllabe, contexte d'où *e* et *a* sont exclus. Cela signifie probablement que les indices dont nous avons doté les voyelles ne sont rien d'autre que des indications de contextes. Les différences de comportement de certaines voyelles recouvrent en réalité des faits de distribution.

On pourrait dès lors concevoir les correspondances de la manière suivante :

Base	NE	NO	CS
i	i	i	i
e devant -n	æ	æ	ɛ
e ailleurs	e	e	e
ɛ	ɛ	ɛ	ɛ
a devant r + cs	æ	a	a
a ailleurs	a	a	a
ɔ	ɔ	ɔ	ɔ
o	o	o	o
u	u	u	u

Par conséquent, à partir d'un système de base à 7 voyelles, du type

i u
e o
ɛ ɔ
a

et moyennant des règles de réalisation contextuelle appropriées, on peut déduire les diverses réalisations vocaliques dans chacune des régions. Ainsi, sachant que le signifiant du mot qui signifie "ver" a pour forme de base |v'arm̄u| et qu'une règle stipule qu'un |a| de base qui se trouve devant un *-r* suivi de consonne se réalise *æ* au NE, et *a* au NO et au CS, on peut prévoir (pour la partie vocalique évidemment) les formes *b'ærm̄u* au NE, *b'arm̄u* et *v'arm̄u* pour le NO et le CS. Il est même possible, dans le cas présent, d'effectuer cette prédiction à partir de NE ou de NO à condition, bien sûr, de tenir compte du contexte. Étant donné par exemple le mot **vene** "il vient", il suffit de connaître sa réalisation au NE *b'ænɛ* pour prédire sa réalisation, pour ce qui est de la voyelle accentuée, dans les deux autres parlers; le tableau indique en effet qu'à un *e* du NE situé devant *-n* correspond *æ* au NO et *ɛ* au CS. Les formes sont donc respectivement *b'æ̃ηɛ* et *v'ɛni*. Si l'on considère par ailleurs le mot **vene** "veines", on peut également à partir de sa réalisation au NE *b'ɛnɛ* prédire sa réalisation dans les deux autres cas; le tableau montre en effet qu'à un *ɛ* du NE correspond *ɛ* ailleurs. Les formes sont donc *b'ɛ̃ηɛ* au NO et *v'ɛni* au CS. Mais le fait que la prédiction puisse s'effectuer à partir d'un système particulier n'est qu'une coïncidence. C'est normalement du système de base que doivent se déduire les réalisations particulières.

Beaucoup plus délicate est la reconstruction d'un système de base qui sous-tendrait d'une part les trois régions que nous venons d'étudier et de l'autre la région de l'Extrême-Sud.

Les rapports entre les voyelles accentuées des quatre parlers apparaissent à travers les mots suivants :

		NE	NO	CS	ES
1	"fil"	*f'ilu*	*f'iɫu*	*f'ilu*	*f'ilu*
2	"poirier"	*p'ɛru*	*p'ɛru*	*p̄'ɛru*	*p̄'iru*
3	"toile"	*t'ɛla*	*t'ɛɫa*	*t̄'ɛla*	*t̄'ela*
4	"amadou"	*'ɛska*	*'ɛska*	*'ɛska*	*'ɛska*
5	"miel"	*m̄'elɛ*	*m̄'eɫɛ*	*m̄'eli*	*m̄'eli*
6	"fête"	*f'esta*	*f'esta*	*f'esta*	*f'ɛsta*
7	"pelle"	*p'ala*	*p'aɫa*	*p̄'ala*	*p̄'ala*
8	"dehors"	*f'ora*	*f'ora*	*f'ora*	*f'ora*
9	"mort"	*m̄'ortɛ*	*m̄'ortɛ*	*m̄'ort̄i*	*m̄'ɔrt̄i*
10	"fleur"	*fj'ɔrɛ*	*fj'ɔrɛ*	*fj'ɔri*	*fj'ori*
11	"je connais"	*kun̄'ɔsku*	*kun̄'ɔsku*	*k̄un̄'ɔsku*	*k̄un̄'ɔsku*
12	"croix"	*kr'ɔdʒɛ*	*kr'ɔdʒɛ,*	*kr'ɔtʃi*	*kr'utʃi*
13	"mulet"	*m̄'ulu*	*m̄'uɫu*	*m̄'ulu*	*m̄'ulu*

Puisque nous avons montré que les trois systèmes du NE, du NO et du CS pouvaient se ramener à une base unique, les correspondances entre les voyelles accentuées de cette base et celles de l'Extrême-Sud se résument ainsi :

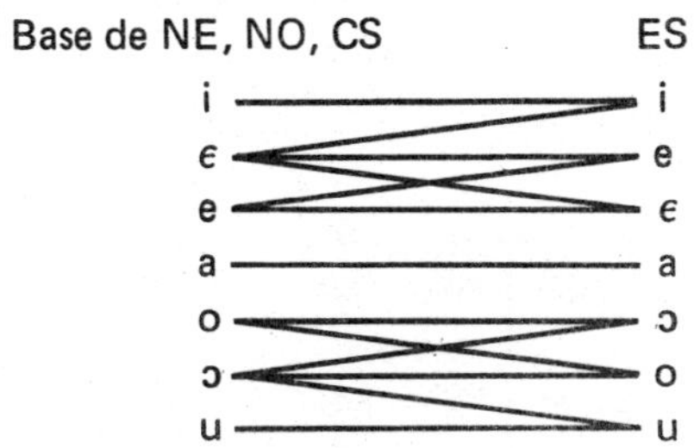

Ce schéma de correspondances, extrêmement complexe, peut être simplifié si on prend en considération les indications que nous avons données dans l'analyse diachronique du parler d'Auddè; il ressort en effet de celle-ci que, à un stade de l'évolution au moins, le système vocalique de l'Extrême-Sud ne comportait que cinq phonèmes vocaliques /i/, /e/, /a/, /o/ et /u/ mais que les phonèmes /e/ et /o/ se réalisaient phonétiquement de deux manières différentes en fonction du contexte : respectivement *e* et *o* en syllabe ouverte, *ɛ* et *ɔ* en syllabe fermée. Cette précision nous permet de ramener les correspondances au schéma suivant :

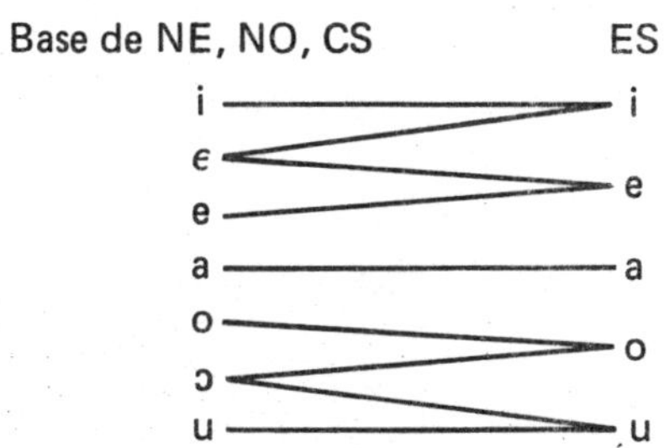

Que pourrait être alors un système de base d'où se déduisent à la fois ES et l'ensemble NE-NO-CS, c'est-à-dire un système qui sous-tende toute la diversité vocalique actuelle ? Il semble, si l'on prend seulement en considération les faits actuels, qu'il faudrait supposer un système de structure et de complexité analogues à celles du latin. Mais ce n'est, en dernier ressort, que la reconstruction diachronique qui permettra de déterminer quelle est la meilleure hypothèse pour résoudre ce problème.

Nous allons maintenant essayer, en suivant les mêmes principes, d'établir les correspondances entre les consonnes des différents parlers et de mettre en lumière la base commune du consonantisme corse. Pour ne pas compliquer outre mesure la présentation des faits, nous prendrons surtout en considération le consonantisme de deux régions que nous désignerons conventionnellement par Nord (N) et Sud (S). L'appellation N regroupe donc ce que nous avons désigné jusqu'ici par NE et NO, tandis que l'appellation S regroupe ce que nous avons désigné jusqu'ici par CS et ES. Soulignons pour qu'il n'y ait pas de confusions que les contours des régions ne sont pas les mêmes en ce qui concerne le vocalisme et le consonantisme : sur le plan du vocalisme CS va avec NE et NO et se distingue de ES; sur le plan du consonantisme CS va avec ES et se distingue de NE et NO. Cette situation est résumée par le tableau suivant :

vocalisme	NE + NO + CS	ES
consonant.	NE + NO	CS + ES

Nous emprunterons nos exemples à la Casinca pour illustrer la situation consonantique du Nord et à Veru pour illustrer celle du Sud.

Nous savons d'après les différentes analyses synchroniques que la position dans laquelle l'inventaire le plus complet de consonnes peut se réaliser se trouve à l'intérieur du mot entre deux voyelles. C'est donc dans cette position que nous comparerons les consonnes du Sud à celles du Nord. Nous n'étudierons les autres positions que marginalement lorsqu'elles offrent des cas de variation intéressants. Afin de faciliter la lecture des faits, nous présenterons les consonnes classe après classe.

Envisageons d'abord le cas des occlusives orales. Les correspondances entre les deux parlers apparaissent à travers les mots suivants :

		S	N	
1	**scappà**	*skap̄'a*	*skap'a*	"échapper"
2	**capu**	*k̄'apu*	*k'abu*	"tête"
3	**babbu**	*b'abu*	*b'abu*	"père"
4	**fava**	*f'awa*	*f'awa*	"fève"
5	**fetta**	*f'ɛt̄a*	*f'ɛta*	"tranche"
6	**prete**	*pr'eti*	*pr'edɛ*	"prêtre"
7	**pedi**	*p̄'eđi*	*p'e ɛ* ou *p'eđɛ*	"pied"
8	**bocca**	*b'ɔk̄a*	*b'ɔka*	"bouche"
9	**acu**	*'aku*	*'agu*	"aiguille"

Elles peuvent être résumées dans le tableau suivant :

S	N
p̄	p
p	b
b	b
w	w
t̄	t
t	d

S	N
ð	- ou ð
k̄	k
k	g [5]

Ce tableau exige quelques commentaires. L'indication - ou *ð* au Nord en face de *ð* au Sud signifie qu'il existe actuellement dans les parlers du Nord une variation libre : un changement linguistique est en train de s'opérer, semble-t-il, qui a pour effet l'effacement de *ð*. Plus complexe est le problème posé par *g* : devons-nous faire figurer dans notre tableau un *g* dans les parlers du Sud ? Dans le parler de *Veru,* nous en avons trouvé quelques exemples; mais aucun d'entre eux ne fait apparaître une correspondance systématique avec un élément au Nord. Ainsi à *pag'a* "payer" au Nord correspond *p̄ag'a* à *Veru*; mais à *Auddè,* qui représente également le consonantisme du Sud, on dit *p̄ak'a*. Il est clair que c'est ce dernier traitement qui est régulier puisque la forme latine d'origine est pacare et que la correspondance *k* (Sud) - *g* (Nord) est tout à fait normale et systématique (série 9). Par ailleurs, l'analyse diachronique a établi que *g* à l'intervocalique n'était l'aboutissement "normal" à *Veru* d'aucune consonne latine, g latin s'étant la plupart du temps effacé dans cette position. Tout cela nous conduit à penser que, dans la perspective d'une comparaison des parlers, les quelques rares mots présentant à *Veru* un *g* intervocalique ne doivent pas être pris en considération. Ils font partie de cet ensemble marginal de formes (emprunts, mots restructurés, mots savants...) qui ne peut faire l'objet d'une comparaison systématique.

Une fois justifiés les choix concernant l'élaboration du tableau, on peut se rendre compte à la lecture de celui-ci que si les éléments ne sont pas identiques au Sud et au Nord, en revanche, les relations entre les éléments restent pour l'essentiel les mêmes dans l'un et l'autre parler. Au rapport fort/faible (ou tendu/non tendu) qui existe au Sud correspond le rapport sourd/sonore au Nord :

à	/p̄/ ~ /p/	correspond	/p/ ~ /b/
à	/t̄/ ~ /t/	correspond	/t/ ~ /d/
à	/k̄/ ~ /k/	correspond	/k/ ~ /g/

La seule différence structurellement importante est que l'opposition /p/ ~ /b/ que l'on trouve dans le Sud est neutralisée dans le Nord. Un *b* du Nord correspond aussi bien à un *p* qu'à un *b* du Sud en position intervocalique.

Étant donné cette situation, il est facile en se servant du système du Sud comme système de base de prévoir les réalisations du Nord. Ainsi, sachant que le mot qui signifie "fée" se dit *f'ata* au Sud, on peut prévoir d'après notre tableau qu'il se dit *f'ada* au Nord.

---

(5) Les tableaux que nous proposons pour illustrer la comparaison entre consonantisme du Sud et consonantisme du Nord résument la situation des consonnes qui ont connu une évolution "normale". Les cas constitués par les formes savantes, les emprunts récents etc... n'y sont pas mentionnés.

En ce qui concerne les occlusives orales, le système du Sud fonctionne donc comme système de base. Il est néanmoins intéressant, dans le cas des bilabiales, pour comprendre le fonctionnement des deux systèmes et les relations qu'ils entretiennent, de confronter ce système de base au système latin d'où il dérive.

Dans la série des bilabiales, le latin possédait à l'intervocalique les degrés suivants :

I	-pp-	cappam	"cape"
II	-p-	caput	"tête"
III	-bb-	sabbatum	"sabbat"
IV	-b-	fabam	"fève"
V	-v- *w*	uvam	"raisin"

Ce système est très complexe et certaines des oppositions qui le constituent sont fragiles soit parce qu'elles reposent sur des distinctions phonétiquement assez ténues soit parce qu'elles ont un rendement fonctionnel faible. Par suite, la tendance générale semble avoir consisté en une réduction du nombre de ces degrés, c'est-à-dire en la neutralisation d'une ou de plusieurs oppositions.

Les parlers du Nord et du Sud ont neutralisé l'opposition IV ~ V : /b/ et /w/ latins se sont confondus dans le /w/ corse prononcé *w*. Les parlers du Sud s'en sont tenus là : ils possèdent actuellement quatre degrés :

I	*-p̄-*	*k̄'ap̄a*	"cape"		
II	*-p-*	*k̄'apu*	"tête"		
III	*-b-*	*s'abatu*	"samedi"		
IV = V	*-w-*	*f'awa*	"fève"	*'uwa*	"raisin".

Les parlers du Nord ont poursuivi plus loin la réduction et neutralisé également l'opposition latine II ~ III : /p/ et /bb/ latins, continués au Sud par *p* et *b*, se sont confondus en *b*. De sorte que ces parlers ne possèdent plus que trois degrés :

I	*-p̄-*	*k'ap̄a*	"cape"		
II = III	*-b-*	*k'abu*	"tête"	*s'abadu*	"samedi"
IV = V	*-w-*	*f'awa*	"fève"	*'uwa*	"raisin"

Notons que ce n'est pas par hasard que l'opposition supprimée a été /p/ ~ /bb/; il se trouve que cette opposition avait en latin un rendement fonctionnel infime, étant donné qu'il n'existait que fort peu de mots contenant -bb- et que ce n'était pas des mots latins d'origine.

Il est intéressant de voir par ailleurs que le type de solution adopté par les parlers du Nord a été adopté également, sous des dehors légèrement différents, par certains parlers, notamment dans la région de Vicu; c'est le cas, par exemple, de Guagnu et de Soccia. Convenons de désigner ces parlers par l'appellation de Centre-Ouest (CO). Ceux-ci connaissent la situation suivante :

I	*-p̄-*	*k'ap̄a*	"cape"		
II = III	*-p-*	*k'apu*	"tête"	*s'apatu*	"samedi"
IV = V	*-w-*	*f'awa*	"fève"	*'uwa*	"raisin"

Du Nord au Centre-Ouest, seules les réalisations phonétiques varient; les changements survenus sont structurellement identiques ainsi que les systèmes actuels.

On voit très bien à partir de là comment les parlers corses se situent les uns par rapport aux autres sur le plan des consonnes bilabiales. L'ensemble des parlers corses a neutralisé l'opposition latine IV ~ V, ce qui justifie le fait que le système de base d'où peuvent se déduire les bilabiales des divers parlers ne comporte que quatre degrés. Par la suite certains parlers ont neutralisé également l'opposition latine II ~ III ; pour ce faire, les uns (dans le Centre-Ouest) ont purement et simplement confondu le -bb- latin très rare avec -p-, les autres (dans le Nord) sont allés plus loin et ont rééquilibré phonétiquement le système en affaiblissant d'un degré les réalisations de -pp- et de -p- latins. Ce dernier changement phonétique était rendu possible par le fait qu'après les neutralisations il n'existait plus de *-b-* dans le système, comme cela se voit encore dans le Centre-Ouest. La situation peut être représentée par le schéma suivant.

	Latin	Base (corse)	Sud	Centre-Ouest	Nord
I	-pp-	-p̄-	-p̄-	-p̄-	-p-
II	-p-	-p-	-p-	-p-	-b-
III	-bb-	-b-	-b-		
IV	-b-	-w-	-w-	-w-	-w-
V	-v- *w*				

Le système des bilabiales du Centre-Ouest apparaît un peu comme une charnière, un stade intermédiaire entre le système du Sud et le système du Nord, caractérisé par cet affaiblissement généralisé des consonnes occlusives orales. C'est d'ailleurs, à travers le sort de ces consonnes bilabiales, toute la dynamique des changements affectant le consonantisme corse que l'on peut entrevoir.

Abordons à présent le cas des affriquées. Les correspondances entre les parlers du Sud et du Nord apparaissent dans les mots suivants :

		S	N	
10	**pozzu**	*p̄'ɔtsu*	*p'ɔtsu*	"puits"
11	**mezu**	*m̄'edzu*	*m̄'edzu*	"milieu"
12	**ochji**	*'otji*	*'otji*	"yeux"
13	**coghju**	*k̄'odju*	*k'odju*	"cuir"
14	**faccia**	*f'at̄ʃa*	*f'atʃa*	"visage"
15	**dece**	*d'etʃi*	*d'edʒɛ*	"dix"

Elles peuvent être résumées dans le tableau suivant :

S	N
ts	ts
dz	dz
tj	tj
dj	dj
t̄ʃ	tʃ
tʃ	dʒ

Dans ces tableaux, nous n'avons pas fait figurer *dʒ* dans le système du Sud, pour des raisons analogues à celles qui nous ont conduit à ne pas prendre en considération -g- parmi les occlusives orales du Sud. Il existe bien à *Veru* quelques mots contenant *dʒ* (cf. chapitres III et V), mais nous avons déjà établi que cet élément n'était l'aboutissement "normal" au Sud d'aucune consonne latine. Par conséquent, les mots dans lesquels il entre ne peuvent faire l'objet d'une comparaison systématique.

Le schéma qui résume les correspondances entre les affriquées des deux parlers fait apparaître deux choses. La première concerne les affriquées pré-palatales *t̄ʃ, tʃ* et *dʒ* : la correspondance s'établit entre le Sud et le Nord sur le même modèle que pour les occlusives orales, c'est-à-dire qu'à un rapport fort-faible au Sud correspond un rapport sourd-sonore au Nord; pour les autres il n'y a pas de variation. La seconde est qu'il existe une correspondance biunivoque entre les éléments des deux systèmes et qu'il est donc facile de prévoir les réalisations du premier à partir de celles du second et vice-versa.

Envisageons ensuite le cas des fricatives. Indiquons comme précédemment les correspondances :

		S	N	
16	**staffi**	*st'afi*	*st'afi*	"étriers"
17	**stofa**	*st'ɔva*	*st'ɔva*	"étoffe"
18	**rossu**	*r̄'ɔsu*	*r̄'ɔsu*	"rouge"
19	**pesu**	*p̄'ɛzu*	*p'ɛzu*	"poids"
20	**pesciu**	*p̄'ɛʃu*	*p'ɛʃu*	"poisson"
21	**basgiu**	*b'aʒu*	*b'aʒu*	"baiser"

Celles-ci peuvent être résumées dans le tableau suivant :

S	N
f	f
v	v
s	s
z	z
ʃ	ʃ
ʒ	ʒ

On ne note donc aucune variation relative aux fricatives intervocaliques entre le Sud et le Nord. Il faut tout de même souligner ici que le corse n'a pas hérité du latin cette classe de consonnes fricatives. Le latin ne connaissait guère que l'opposition ss ~ s; c'est cette opposition fort-faible qui s'est conservée en corse sous la forme sourd-sonore, c'est-à-dire *s ~ z*. Pour le reste, le latin ne possédait de -ff- et de -f- que de manière très marginale : f n'y était couramment attesté qu'à l'initiale du mot et n'apparaissait en position intervocalique qu'après préfixe (profectum sur facio) ou dans des mots d'emprunt (Stephanum); de même -ff- ne figurait guère qu'après un préfixe lorsqu'une assimilation s'était produite (affectum : ad-fectum). Par ailleurs, le phonème /v/ n'existait pas (la lettre v note le phonème /w/). Le corse a conservé cette opposition latine marginale ff ~ f sous la forme f ~ v, lui appliquant le même traitement qu'à la paire ss ~ s. Puis, par suite probablement de la perte du sentiment de la composition dans des mots comme *pruvan'a* < pro-fanare ou *sufj'a* < sufflare (= sub-flare), ces *f* et *v* ont été interprétés, semble-t-il, comme intervocaliques et le rendement fonctionnel — très faible au départ — de l'opposition *-f- ~ -v-* s'est trouvé renforcé par l'emprunt de mots comme **staffi** *st'afi* "étriers", **caffè** *k'af'ɛ* "café" ou **tafone** *tav'ɔni* "trou". Comme d'autre part le corse avait "normalement" hérité du f latin initial, s'est constitué en corse une paire /f/ ~ /v/ fonctionnant exactement comme /s/ ~ /z/ (cf. chapitre III). Quant aux fricatives palatales *ʃ* et *ʒ*, elles sont inconnues du latin; *ʒ* est en corse l'aboutissement du groupe latin *sj* et *ʃ* provient de plusieurs sources différentes : *-sk-, -ks* etc... (cf. chapitre V). Il n'existe donc au stade latin aucun lien particulier entre les sources de *ʃ* et de *ʒ* d'une part, entre celles-ci et ss ~ s ou ff ~ f de l'autre. Pourtant, aujourd'hui en corse, *ʃ* et *ʒ* tendent à fonctionner comme les autres paires fricatives (cf. chapitre III).

Le cas de cette classe de fricatives est un bon exemple de la manière dont un système original peut se constituer à partir d'un autre, en héritant certaines unités mais en créant entre elles des rapports nouveaux.

Il nous reste à étudier le cas des sonantes; les correspondances entre parlers du Sud et parlers du Nord s'effectuent comme suit :

		S	N	
22	**mamma**	*m̄'am̄a*	*m̄'am̄a*	"mère"
23	**amu**	*'amu*	*'amu*	"hameçon"
24	**annu**	*'an̄u*	*'an̄u*	"an"
25	**granu**	*gr'anu*	*gr'anu*	"blé"
26	**pelle**	*p̄'edi*	*p'el̄ɛ*	"peau"
27	**pala**	*p̄'ala*	*p'ala*	"pelle"
28	**torre**	*t̄'ɔr̄i*	*t'ɔr̄ɛ*	"tour"
29	**toru**	*t̄'ɔru*	*t'ɔru*	"taureau"

ce qui peut être résumé dans le schéma suivant :

S	N
m̄	m̄
m	m
n̄	n̄
n	n
d ou ɖ	l̄
l	l
r̄	r̄
r	r

Les sonantes n'offrent aucune difficulté du point de vue de la comparaison; la correspondance entre les parlers est biunivoque. Rappelons simplement que, dans le Sud, /l̄/ se réalise *d* ou *ɖ* selon la région. Il est clair que l'on peut prévoir à partir de n'importe lequel des deux parlers les réalisations de l'autre.

La semi-consonne *j* ne présente pas non plus de difficulté :

		S	N	
30	**maiò**	*m̄aj'ɔ*	*m̄aj'ɔ*	"grand"

soit :

S	N
j	j

L'étude comparative des consonnes intervocaliques des parlers du Sud et du Nord permet de montrer la profonde unité structurelle qui existe entre ces parlers; certaines classes de consonnes sont structurellement et phonétiquement identiques : c'est le cas des fricatives et des semi-consonnes; d'autres classes sont phonétiquement différentes mais structurellement identiques; c'est le cas des affriquées et des sonantes; en définitive seules les occlusives orales n'entrent pas dans une correspondance biunivoque, le système du Nord présentant une réduction par rapport à celui du Sud. Par conséquent, il sera facile à partir du système du Sud pris comme système de base de prévoir la réalisation du Nord.

Nous avons effectué la comparaison entre consonnes du Sud et consonnes du Nord en étudiant celles-ci dans la position intervocalique. Par ailleurs, l'analyse phonologique a établi qu'en position initiale du mot (C_F ou C_f) se produit une neutralisation de l'opposition fort ~ faible pour les classes de phonèmes qui la connaissent. Étant donné que cette neutralisation se produit aussi bien dans le Nord que dans le Sud, elle n'introduit rien de nouveau sur le plan de la correspondance entre les deux parlers par rapport à ce qui a été établi à l'intervocalique; ainsi, à l'intervocalique, au rapport k̄ ~ k du Sud correspond k ~ g au Nord. De la même manière, à l'initiale, en position forte (C_F) à un k̄ du Sud correspond un k du Nord et en position faible (C_f) à un k du Sud correspond un g du Nord; cela apparaît dans les exemples suivants :

	S	N	
trè cose	*tr'ɛ k̄'ɔzi*	*tr'ɛ k'ɔzɛ*	"trois choses"
a cosa	*a k'ɔƶa*	*a g'ɔza*	"la chose"

Un cas cependant est plus complexe : celui des bilabiales. Les correspondances s'établissent comme suit :

	S	N	
trè basgi	*tr'ɛ b'aʒi*	*tr'ɛ b'aʒi*	"trois baisers"
u basgiu	*u b'aʒu*	*u w'aʒu*	"le baiser"
trè varmi	*tr'ɛ v'arm̄i*	*tr'ɛ b'ærm̄i*	"trois vers"
u varmu	*u w'arm̄u*	*u w'ærm̄u*	"le ver"

soit schématiquement :

en C_F :

et en C_f :

Ces tableaux indiquent qu'à l'initiale comme à l'intervocalique les parlers du Nord possèdent un degré de moins dans la classe des bilabiales. Cette absence de v- en position C_F est généralement repérée comme caractéristique des parlers du Nord. Il est clair que dans ce cas on pourra prévoir la consonne du Nord à partir de celle du Sud et non l'inverse.

L'analyse comparative du consonantisme du Nord et du consonantisme du Sud montre donc que ces deux systèmes peuvent se ramener à un système de base unique. Ce système de base n'est d'ailleurs pas seulement abstrait : c'est lui que note l'orthographe.

CHAPITRE VII

QUELQUES RÉFLEXIONS SUR L'ORTHOGRAPHE DE LA LANGUE CORSE

Nous avons, au début de cet ouvrage, pris nos distances à l'égard des faits de graphie, en affirmant la primauté de la langue orale, et en suggérant que l'orthographe était chose beaucoup trop composite pour servir de base à une étude linguistique. Il n'en reste pas moins vrai que le système graphique d'une langue peut devenir lui-même objet d'étude, précisément à la lumière d'une étude linguistique : il peut être intéressant de voir comment fonctionne le système graphique, quels rapports il entretient avec le système de la langue, etc... C'est, de manière très fragmentaire, de ce genre de problèmes que nous voudrions traiter ici à propos de l'orthographe de la langue corse.

Il importe tout d'abord d'opérer une distinction, essentielle, entre graphie et orthographe. Une graphie, c'est une technique (plus ou moins cohérente, plus ou moins simple) de transcription d'une langue; on peut aisément imaginer plusieurs graphies pour la même langue. L'orthographe, c'est la graphie normalisée, institutionnalisée, imposée (1). A ce titre, en tant que fait social, produit d'une culture et d'une tradition, norme etc..., l'orthographe relève de disciplines telles que la sociolinguistique ou l'histoire notamment. D'un point de vue strictement linguistique, ces caractéristiques de l'orthographe n'ont pas à être prises en considération; la seule question est de savoir si et dans quelle mesure l'orthographe est fonctionnelle.

---

(1) Le prestige culturel de l'orthographe est tel, d'ailleurs, qu'il fait très souvent oublier son caractère purement contingent. Il n'est pas rare d'entendre dire — ou de lire — que tel mot doit se prononcer comme ceci *parce que* il s'écrit comme cela, etc... : les rapports, ici, sont absolument inversés. Nous n'abordons pas ici, bien entendu, l'aspect pédagogique dans lequel ce type de démarche pourrait se concevoir : c'est là un problème qui n'entre pas dans le cadre de cet ouvrage. Nous nous élevons seulement contre cette idée, sous-jacente à bien des propos, que l'orthographe c'est la langue : la langue parlée ne se présenterait alors que comme une déformation de la "vraie" langue, c'est-à-dire celle codifiée par l'orthographe.

Nous nous bornerons donc, pour notre part, à examiner le système graphique traditionnel (au moins partiellement) et à établir dans quelle mesure il est adéquat aux réalités linguistiques qu'il est censé transcrire. Une question pertinente, en particulier, sur le plan linguistique, est celle de savoir si cette graphie est bien un système de représentation de l'ensemble des parlers corses, c'est-à-dire si elle note non pas un système particulier mais le système de base qui sous-tend tous les parlers particuliers.

L'orthographe d'une langue peut refléter les divers niveaux du système de la langue, essentiellement la phonologie et/ou la morphologie. Une orthographe morphologique consisterait, en quelque sorte, à noter ce que nous avons appelé les "formes de base morphologiques", une orthographe phonologique les phonèmes et leurs neutralisations. Notons qu'une orthographe n'est jamais strictement phonétique : une graphie purement phonétique serait, à la limite, impossible (cf. chapitre phonétique, introduction) et d'ailleurs dénuée d'intérêt. Nous avons ci-dessus insisté sur le fait que les locuteurs d'une langue ont l'intuition, au-delà de la phonétique, de l'organisation phonologique de leur langue : c'est cela que peut noter l'orthographe.

Les aspects phonologique et morphologique peuvent être plus ou moins importants dans une orthographe. Ainsi, on peut dire que l'orthographe du français est une orthographe à tendance morphologique : dans bien des cas, elle note les formes de base des monèmes, c'est-à-dire les formes à partir desquelles on peut prévoir les diverses réalisations contextuelles. Citons quelques cas : à partir de **grand, petit, blanc, sec,** on peut prévoir **grande, petite, blanche, sèche** etc... De même, à partir de **est, fait,** on peut prévoir la liaison **"est-il"** : *ɛ͜til,* **"fait-il"** : *fɛ͜til,* etc... Les consonnes finales "muettes" ont une valeur morphologique. Les exemples de ce genre pourraient être multipliés, et leur examen ferait apparaître un très grand nombre de régularités, dans l'orthographe française, régularités relevant surtout du niveau morphologique. Cet aspect morphologique est relativement peu important dans l'orthographe du corse.

Une orthographe peut également parfois révéler le découpage syntaxique de la phrase. Selon que l'on écrira, par exemple, **ch'è lu nevi puru !** ou **ch'ellu nevi puru !** (2) on interprétera différemment la structure de la phrase.

Il arrive que des graphies s'expliquent par référence à plusieurs niveaux à la fois. Nous voudrions donner un exemple de ce cas. Soit à noter la voyelle qui apparaît dans la racine du verbe qui signifie "tenir" quand celle-ci se trouve en position prétonique, par exemple à l'imparfait. D'une région à l'autre, la forme phonique varie; schématiquement :

	N	S
"il tenait"	*tɛn'ija*	*t̄in'ija*

---

(2) "Qu'il neige donc !" cf. P. MARCHETTI et D. A. GERONIMI, *Intricciate e cambiarine,* p. 83.

Étant donné qu'il existe des cas dans lesquels, dans la même situation, la voyelle ne varie pas comme

"il filait" *fil'awa* *fil'awa*

les correspondances entre les voyelles prétoniques des deux régions peuvent s'exprimer ainsi :

N ε, i → S i

Si l'on veut être à même de prévoir les réalisations au Sud aussi bien qu'au Nord, on doit partir d'une base comprenant deux éléments. Cette base, dans ce cas simple, est identique au système du Nord.

N	Base	S
ε	|ε|	i
i	|i|	i

Pour que la graphie soit utilisable aussi bien au Sud qu'au Nord, il faut donc qu'elle note le système de base; on écrit donc **tenia, filava**. Cela ne présente aucune difficulté de lecture dans le Nord; dans le Sud, il suffit qu'une règle précise qu'un e prétonique se lit *i*.

Considérons à présent la situation dans le Sud pris isolément; à l'intérieur de cette région, s'observent également des variation concernant les voyelles de ces racines :

	t̄in'ija	"il tenait" ;	*t̄'εni*	"il tient"
à côté de	*fil'awa*	"il filait" ;	*f'ila*	"il file"

La racine qui signifie "tenir" connaît donc encore une variation *ε/i*. Mais, cette fois, elle est morphologique, conditionnée par la place de l'accent.

Voyelle accentuée 'ε, 'i → Voyelle atone *i*

Et les formes de base morphologiques, pour les mêmes raisons de fonctionnalité que plus haut, devront être |t'εn-| et |f'il-|. Les graphies **tenia, filava** sont donc justifiées morphologiquement à l'intérieur des parlers du Sud.

Il ressort de là qu'un mot comme **tenia** entre dans un double réseau de relations :

– d'une part avec les formes correspondantes des autres parlers,

– de l'autre avec les formes apparentées à l'intérieur d'un même parler.

Une graphie peut donc être doublement justifiée, phonologiquement d'abord, en tant que base qui sous-tend un ensemble de parlers, morphologiquement ensuite en tant que base qui sous-tend les alternances à l'intérieur d'un même parler.

Les résultats que nous venons d'établir ne doivent évidemment pas être généralisés; notre propos visait seulement à mettre en lumière les multiples relations que peut entretenir une graphie avec les réalités linguistiques.

De toute façon, nous n'aborderons pas ici le problème de la graphie des voyelles du corse, étant donné la complexité du système de base vocalique que nous avons esquissé dans le chapitre précédent et les multiples difficultés que pose son élaboration.

Mais nous aimerions tenter de montrer ici comment, du point de vue que nous nous sommes fixé, la notation traditionnelle des consonnes du corse s'avère spécialement cohérente. Il s'agit d'une part d'établir les rapports entre les phonèmes du système de base consonantique (tel que nous l'avons établi dans le chapitre qui précède) et la graphie de ces phonèmes, et d'autre part — cela étant évidemment lié — de montrer dans quelle mesure cette graphie est adéquate à la transcription des divers parlers. Nous donnons, pour cela, un tableau comportant la liste des phonèmes du système de base, la graphie de ces phonèmes en position intervocalique C, et un exemple de chaque cas attestant la prononciation d'un parler du Nord (Casinca) et d'un parler du Sud (Veru).

phonème	graphie	exemple	NORD	SUD	
/p̄/	pp	scappà	*skap'a*	*skap̄'a*	"s'échapper"
/p/	p	capu	*k'abu*	*k̄'apu*	"tête"
/b/	bb	babbu	*b'abu*	*b'abu*	"père"
/w/	v	uva	*'uwa*	*'uwa*	"raisin"
/t̄/	tt	fattu	*f'atu*	*f'at̄u*	"fait"
/t/	t	fata	*f'ada*	*f'ata*	"fée"
/d/ đ	d	brodu	*br'o(đ)u*	*br'ođu*	"bouillon"
/k̄/	cc	vacca	*b'aka*	*v'ak̄a*	"vache"
	cch	sacchi	*s'aki*	*s'ak̄i*	"sacs"
/k/	c	focu	*f'ogu*	*f'oku*	"feu"
	ch	fochi	*f'ogi*	*f'oki*	"feux"
/g/	g	pagà	*pag'a*	*p̄ag'a*	"payer"
	gh	paghi	*p'agi*	*p̄'agi*	"tu payes"
/f/	ff	goffu	*g'ɔfu*	*g'ɔfu*	"laid"
/v/	f	tufone (tafone)	*tuv'ɔnɛ*	*t̄av'ɔni*	"trou"
/s/	ss	rossu	*r̄'ɔsu*	*r̄'ɔsu*	"rouge"
/z/	s	cosa	*k'ɔza*	*k̄'ɔza*	"chose"
/ʃ/	sc	nascita	*n̄'aʃida*	*n̄'aʃita*	"naissance"
	sci	pesciu	*p'ɛʃu*	*p̄'ɛʃu*	"poisson"
/ʒ/	sg	basgi	*b'aʒi*	*b'aʒi*	"baisers"
	sgi	basgiu	*b'aʒu*	*b'aʒu*	"baiser"
/m̄/	mm	mamma	*m̄'am̄a*	*m̄'am̄a*	"mère"

/m/	**m**	**omu**	*'omu*	*'omu*	"homme"
/n̄/	**nn**	**sonnu**	*s'ɔn̄u*	*s'ɔn̄u*	"sommeil"
/n/	**n**	**bonu**	*b'onu*	*b'onu*	"bon"
/l/	**ll**	**zitellu**	*tsid'el̄u*	*tsit'edu*	"enfant"
/l/	**l**	**falà**	*fal'a*	*fal'a*	"descendre"
/r̄/	**rr**	**tarra**	*t'ær̄a*	*t̄'ar̄a*	"terre"
/r/	**r**	**fora**	*f'ora*	*f'ora*	"dehors"
/ts/	**zz**	**pezzu**	*p'etsu*	*p̄'etsu*	"morceau"
/dz/	**z**	**mezu**	*m̄'edzu*	*m̄'edzu*	"milieu"
/t̄ʃ/	**cc**	**ciocci**	*tʃ'otʃi*	*t̄ʃ'ot̄ʃi*	"hiboux"
	cci	**faccia**	*f'atʃa*	*f'at̄ʃa*	"visage"
/tʃ/	**c**	**dece**	*d'edʒɛ*	*d'etʃi*	"dix"
	ci	**piciosu**	*pidʒ'ɔzu*	*p̄itʃ'ɔzu*	"poisseux"
/dʒ/	**g**	**regina**	*r̄ɛdʒ'ina*	*r̄idj'ina*	"reine"
	gi	**ragione**	*r̄adʒ'ɔne*	*r̄adj'ɔni*	"raison"

Ce tableau fait apparaître les faits suivants :

Il existe, pour un certain nombre de phonèmes, deux graphies : /k̄/ s'écrit **cc** ou **cch**, /k/ s'écrit **c** ou **ch**, /g/ s'écrit **g** ou **gh**, /ʃ/ s'écrit **sc** ou **sci**, /ʒ/ s'écrit **sg** ou **sgi**, /t̄ʃ/ s'écrit **cc** ou **cci**, /tʃ/ s'écrit **c** ou **ci**, /dʒ/ s'écrit **g** ou **gi**. Ces graphies ne sont pas réparties arbitrairement : elles le sont en fonction du contexte. Pour /k̄/, /k/ et /g/, occlusives vélaires, la graphie simple (sans **h**) apparaît devant voyelle postérieure, c'est-à-dire devant **a**, **o** (3), **u**, et la graphie avec **h** apparaît devant voyelle antérieure, c'est-à-dire devant **e** et **i**. Ces deux graphies sont donc en distribution complémentaire : ce sont des variantes contextuelles. Cela est d'ailleurs lié à un phénomène d'ordre diachronique : à une certaine époque de l'histoire de la langue, les occlusives vélaires se sont palatalisées devant voyelles d'avant. Il s'est alors créé des couples du type *k/tʃ* qui ont fonctionné comme des variantes contextuelles : la vélaire devant voyelle postérieure, la palatale devant voyelle antérieure. A ce stade, la graphie peut noter les deux par **c**, par exemple : il s'agit du même phonème. Mais il s'est recréé par ailleurs, et sans doute par divers processus, l'opposition entre consonnes vélaires et consonnes palatales : il fallait donc trouver un procédé permettant de rendre cette opposition dans tous les contextes. Devant voyelle palatale, c'est-à-dire devant **e** et **i** (graphique) le caractère d'occlusive de la consonne a été marqué par **h**.

---

(3) Il s'agit ici non pas des phonèmes mais de leur graphie : la graphie **o** correspond à la fois au phonème /ɔ/ et au phonème /o/, de même d'ailleurs que la graphie **e** correspond à la fois au phonème /ɛ/ et au phonème /e/. Il y a là manifestement une faiblesse de l'orthographe, dans la mesure où le caractère ouvert ou fermé de la voyelle n'est pas prévisible à partir de la graphie. Un signe diacritique (comme l'accent grave employé par CECCALDI par exemple) permettrait de résoudre ce problème.

De même, devant voyelle non palatale, le caractère d'affriquée de la consonne a été marqué par **i** : cela concerne également les cinq autres paires de graphies que nous avons relevées : **sc** et **sci**, **sg** et **sgi**, **cc** et **cci**, **c** et **ci**, **g** et **gi** sont également, deux à deux, des variantes contextuelles. Les graphies avec **i** apparaissent devant voyelle postérieure (**a**, **o**, **u** dans l'écriture), les graphies sans **i** apparaissent devant voyelle palatale (**e**, **i** dans l'écriture). Le principe est clair. Il s'agit ici de marquer le caractère palatal de la consonne : *ʃ, ʒ, t̄ʃ, tʃ* et *dʒ* ont en commun ce trait. Devant voyelle non palatale, on adjoint un **i**, lui-même voyelle palatale, chargé d'indiquer la palatalisation de la consonne. **i**, ici, ne fonctionne pas comme une voyelle, mais comme une marque de palatalisation.

On a donc, pour la transcription des phonèmes /k̄/, /k/, /g/, /ʃ/, /ʒ/, /t̄ʃ/, /tʃ/, /dʒ/, des graphies qui reflètent une évolution diachronique (essentiellement les phénomènes de palatalisation) et qui restent parfaitement cohérentes d'un point de vue synchronique, dans la mesure où elles sont entièrement prévisibles dans leurs variantes. La règle pourrait être ainsi formulée :

A partir des graphies **cc**, **c**, **g**, **sc**, **sg**,

— pour noter les occlusives vélaires devant voyelle antérieure : ajouter un **h**.
— pour noter les palatales devant voyelle postérieure : ajouter un **i**.

L'examen du tableau ci-dessus permet par ailleurs de constater, pour un certain nombre de consonnes, la présence dans la graphie de lettres simple et de lettres géminées. Si on veut bien laisser de côté les occlusives sonores (/b/, /d/ g/) (4) et les fricatives palatales (/ʃ/, /z/), on peut dire qu'il existe pour chaque consonne la possibilité d'apparaître dans une graphie "forte" (lettre double) ou une graphie "faible" (lettre simple) : or c'est très précisément la loi que nous avons dégagée pour notre système phonologique de base. Chaque phonème consonantique, exceptées les occlusives sonores, comporte deux degrés : fort et faible. Ces deux degrés se réalisent, selon les cas et selon les parlers, comme sourd/sonore, ou comme tendu/non tendu (on peut dire également : géminé/simple). Dans l'écriture, la règle apparaît comme absolument générale : à un phonème fort (sourd, ou tendu) correspond une lettre double, à un phonème faible (sonore, ou non tendu) correspond une lettre simple. C'est ainsi que les rapports phonologiques /p̄/~/p/ et /f/~/v/, par exemple, que notre analyse phonologique a considérés comme étant exactement du même ordre, bien que, phonétiquement, leur opposition deux à deux se réalise différemment, sont

(4) Nous n'avons pas considéré ici **vv**, **dd**, **gg**. Ces lettres doubles ne se trouvent en effet qu'entre une frontière entre clitique et mot, plus précisément à l'initiale d'un mot précédé par un préfixe accentué ou se terminant par une consonne : elles sont donc en position C_F et la lettre double note simplement le caractère fort de la consonne dans cette position. Quant à la paire **bb** : **b** elle n'est pas du tout à mettre sur le même plan que les autres parce que **b** simple dans cette position intervocalique n'existe pas, ou, plus exactement n'existe que dans des mots "savants" comme **debule** *d'ɛbuli* "faible".

rendus dans l'écriture par des procédés identiques : le rapport /$\bar{p}$/ : /p/ est transcrit par le rapport **pp : p**, le rapport /f/ : /v/ par le rapport **ff : f.** Le système graphique apparaît donc ici comme doté d'une très grande cohérence et d'une parfaite rigueur : il est absolument adéquat au système phonologique.

Par ailleurs, ce système graphique fonctionne aussi bien pour un parler du Nord que pour un parler du Sud : ce qui est transcrit par **pp : p**, par exemple, et qui se réalise comme $\bar{p}$ *: p* dans le Sud (Veru), se réalise, dans le Nord, comme *p : b,* exactement comme **ff : f** se réalise *f : v,* et ce conformément à la structure phonologique générale du parler en question. Cela est lié au fait que le rapport fort-faible, qui apparaît, dans les parlers du Sud, tantôt sous la forme **tendu - non tendu** (ou géminé-simple), tantôt sous la forme sourd-sonore, apparaît, au Nord, sous la forme sourd-sonore.

Ces remarques nous permettent de dégager la règle suivante :

— règle d'écriture :

- un phonème "fort" se transcrit par une lettre double.
- un phonème "faible" se transcrit par une lettre simple.

— règle de lecture :

- un signe graphique double se lit "fort",
- un signe graphique simple se lit "faible".

A quoi il faut ajouter en quoi consiste le rapport fort-faible.

— Au Nord, fort/faible se réalise comme tendu/non-tendu pour les sonantes (m, n, l, r), sourd/sonore pour toutes les autres consonnes.

— Au Sud, fort/faible se réalise comme sourd/sonore pour les fricatives, tendu/non-tendu pour toutes les autres consonnes.

Moyennant quoi, l'écriture des consonnes du corse est prévisible à partir des phonèmes, et la lecture est prévisible à partir de l'écriture. Mais il faut apporter ici un certain nombre de précisions. Nous avons signalé ci-dessus que le système phonologique que notait l'écriture semblait être le système phonologique de base : il s'ensuit que ce système note le maximum de phonèmes existant dans ce système de base, étant bien entendu que certaines oppositions peuvent être neutralisées dans chaque système particulier.

L'orthographe conserve ainsi l'opposition entre /b/ et /p/, à l'intervocalique, opposition qu'elle rend par **p : bb**. Cette opposition est neutralisée dans le Nord, ce qui fait que les graphies **p** et **bb** y reçoivent la même lecture : *b*. Mais il est utile (indépendamment de toute justification étymologique ou autre) que l'orthographe maintienne cette distinction, pour que la transcription demeure fonctionnelle dans le Sud où l'opposition /p/ ~ /b/ est maintenue, et où l'on distingue l'intervocalique de $\bar{k}$*'apu* de celle de *b'abu* par exemple.

L'orthographe note également, en distinguant **b** de **v**, l'opposition /b/ ~ /w/. Ici, encore, sans qu'il soit besoin d'invoquer aucun souci d'étymologie, de tradition, ou autre, cette graphie apparaît comme tout à fait légitime dans la mesure où l'opposition /b/ ~ /v/ à l'initiale existe dans certains parlers : c'est ici le système le plus ancien et le plus vaste, c'est-à-dire, finalement, le système de base, qui est transcrit. Pour les régions où l'opposition /b/ ~ /v/ à l'initiale n'existe plus, il n'y a aucun problème, du moins à la lecture : il suffit de poser une règle disant que **v** initial se lit *b* dans tous les cas.

L'on voit d'ailleurs apparaître ici une limite, en quelque sorte, du système. En effet, si l'on peut, dans le Nord, à partir d'un **v** initial de l'orthographe, prévoir la prononciation *b* c'est-à-dire par exemple prévoir que **vinu** se prononce *b'inu* (règle de lecture) on ne peut en revanche, à partir de la forme orale du mot, prévoir son écriture : on ne peut a priori déterminer si *b'inu* s'écrit **vinu** ou **binu**, du moins si l'on ne connaît pas la forme correspondante dans le Sud. C'est donc là uniquement la mémoire — ou, mieux, la connaissance du système de base — qui permet de trancher.

Ce jeu des neutralisations entraîne parfois des graphies surprenantes de prime abord de la part de certains locuteurs. C'est ainsi que le mot *b'abu* "père", écrit ordinairement **babbu**, est quelquefois noté **"vapu"**. Sur quoi repose cette graphie ? Il est clair qu'elle émane d'un locuteur du Nord; pour celui-ci, il n'existe pas d'opposition /b/ *b* ~ /w/ *v* à l'initiale; il est par conséquent possible de noter *b* par la lettre **v**. De même, pour lui, il n'existe à l'intervocalique que deux degrés de force pour les occlusives labiales /p/ *p*, qu'il note par **pp**, et /b/ *b* qu'il note par **p**. La graphie de ce locuteur n'est donc aucunement incohérente dans le cadre de la notation de son propre parler. Mais elle n'est pas acceptable par l'ensemble des parlers corses : dans le Sud **vapu** ne peut guère être lu que comme *v'apu* parce que la distinction à l'initiale entre *b* et *v* existe et qu'à l'intervocalique les occlusives labiales connaissent trois degrés de force $\bar{p}$, *p* et *b*. La graphie traditionnelle **babbu** en revanche permet une lecture correcte partout.

Il est donc clair que l'orthographe adopte le système qui contient le maximum d'oppositions, c'est-à-dire, en définitive, transcrit le système de base. La conséquence de cela est que, sur quelques points, l'orthographe n'est pas prévisible à partir de n'importe quel parler. Mais cela n'est qu'un très faible inconvénient à côté de la très grande force de ce système graphique, qui permet, par un code unique et spécialement cohérent, la transcription simultanée de tous les parlers corses : moyennant quelques règles extrêmement simples, chaque parler peut se reconnaître aisément dans le code orthographique commun.

Soulignons un autre aspect du système orthographique, concernant la notation de l'initiale consonantique. L'analyse phonologique a établi qu'il n'y avait pas, à l'initiale, opposition entre le degré fort et le degré faible pour les consonnes qui connaissent cette opposition ailleurs : les réalisations fortes ou faibles qui apparaissent à l'initiale y sont des variantes, qui dépendent de ce qui précède, selon la loi de prédétermination consonantique. Il est donc parfaitement logique que l'orthographe qui, nous l'avons dit, note le système phonologique et non la phonétique, note toujours **p**, ou **f**, ou **v**, etc... que cela soit prononcé en fonction de ce qui précède : *p̄* ou *p, f* ou *v, v* ou *w* etc... dans le Sud, *p* ou *b, f* ou *v, b* ou *w* dans le Nord. La mutation consonantique est régulière : le phénomène est entièrement prévisible. Il s'agit simplement de connaître les correspondants, c'est-à-dire les réalisations des variantes de chaque phonème : il n'y a donc aucune raison que l'orthographe transcrive ces phénomènes, dont les manifestations sont d'ailleurs, nous l'avons vu, différentes selon les parlers.

Soulignons à ce propos la fonction de l'accent tonique *(l'aletta)* que l'orthographe note lorsqu'il porte sur la dernière syllabe du mot précédent : sa présence ou son absence détermine le choix de la variante, forte ou faible, de la consonne initiale. C'est sans doute une justification du fait que l'accent tonique ne soit noté que dans les oxytons : il est intimement lié au phénomène de mutation consonantique. On peut cependant regretter qu'il ne soit pas noté également dans les proparoxytons (5) : les paroxytons, qui sont de loin la catégorie la mieux représentée, deviendraient par là-même entièrement prévisibles sur le plan accentuel, puisqu'ils seraient les seuls à ne pas porter dans l'écriture d'accent. En l'absence d'une notation de ce type, seule la mémoire permet de savoir, à la lecture, si l'on a affaire à un paroxyton ou à un proparoxyton; ainsi, à la lecture, **macina** pourra être interprêté comme *m̄'atʃina* "meule", ou bien comme *m̄atʃ'ina* "il moud". De même on ne pourra pas préjuger de la prononciation de mots comme **anata, macula,** etc... Il y a là évidemment une lacune dans la mesure où, nous l'avons vu, l'accent joue un rôle phonologique en corse (cf. phonologie, cf. diachronie).

Considérons enfin les graphies des phonèmes /ʃ/ et /ʒ/ que nous avions provisoirement laissés de côté. Il faut noter que, ici, l'opposition sourd/sonore, qui, ailleurs, nous l'avons vu, est rendue graphiquement par le rapport lettre double : lettre simple, est rendue par **c : g**, c'est-à-dire ce qui correspond à sourd : sonore. On peut s'étonner que cela soit noté ainsi, alors que /f/ ~ /v/ n'est pas noté par **f : v** mais par **ff : f**, que /s/ ~ /z/ n'est pas noté par **s : z** mais par **ss : s**, etc... On attendrait ici quelque chose comme **scc(i) : sc(i)**. Il est possible d'ailleurs que l'on ait reculé devant le caractère beaucoup trop lourd de la première de ces graphies. Sans doute un approfondissement de l'étude diachronique, ainsi qu'une étude historique de l'orthographe, permettront d'y voir plus clair sur ce point de graphie (6). En tout cas, cela ne présente guère d'inconvénients du point de vue du fonctionnement actuel du système.

A la graphie de *ʃ* et *ʒ* semble liée celle de *tj* et *dj*. Ici encore, si l'on veut appliquer la loi dégagée pour l'ensemble du système graphique dans ses

(5) M. CECCALDI d'ailleurs le note, en mettant un trait horizontal au-dessus de la voyelle accentuée lorsque celle-ci ne se trouve pas dans l'avant-dernière syllabe.

(6) S. VIALE transcrit aussi bien *ʃ* que *ʒ* par **sc(i)**; cf. "u sirinatu di Scappinu" in *Dionomachia.*

rapports avec le système phonologique (cf. p. 149), on s'attend à ce que la graphie repose sur un rapport simple : double, c'est-à-dire à ce que l'opposition /tj/ ~ /dj/ soit transcrite, dans l'écriture, par **cchi ~ chi**. Cette graphie s'observe d'ailleurs dans certains textes anciens. On peut lire, par exemple, **specchiu** *sp'etju*, **struchiu** *str'udju*, **achiu** *'adju*, **cucchiu** *k'utju*, **puchiale** *pudj'alɛ* (7). Les palatales *tj* et *dj* entretiennent ainsi le même rapport dans l'écriture que *f* et *v* par exemple, transcrits par **ff** et **f** etc... Il est à noter que, dans cette solution, la graphie **ghj** existe tout de même : elle note, en position forte (initiale ou intérieure après consonne) le phonème /j/, dont *dj* est une variante. On a ainsi : **manghiassi** *mandj'asi*, **ghiornu** *dj'ɔrnu*, **ghiucavamu** *djug'awamu* (7). L'auteur note d'ailleurs ici les variantes en position initiale : **u jornu**, mais **un ghiornu**. Mais cette graphie, qui consiste à opposer **c** à **cc**, semble abandonnée aujourd'hui par souci de simplification. L'orthographe le plus communément employée actuellement note le rapport *tj* ~ *dj* par **chj** ~ **ghj** (8). Elle s'éloigne ainsi de la règle générale dégagée ci-dessus (p. 149), mais se rapproche de la notation du rapport ʃ : ʒ par **sc(i)** : **sg(i)**. Il n'est d'ailleurs pas interdit de penser que cette évolution de l'orthographe traduit une évolution dans l'interprétation phonologique des palatales du système : une analyse diachronique et synchronique comparative permettra peut-être d'élucider ce problème.

Il nous semble que ce qui doit être retenu, essentiellement, de ce rapide examen de quelques aspects de l'orthographe corse, c'est le caractère extrêmement cohérent de ce système orthographique qui, répétons-le, semble transcrire le système consonantique de base de la langue corse, et qui, par là même, est capable de rendre compte de la multiplicité des parlers corses.

---

(7) Cf. S. VIALE, *op. cit.*

(8) Cf. M. CECCALDI, *Dictionnaire corse-français*, Avant-propos, et P. MARCHETTI, D. A. GERONIMI, *op. cit.*, p. 15. L'utilisation de la lettre **j** au lieu de la lettre **i** vise à éliminer certaines ambiguïtés de lecture.

BIBLIOGRAPHIE

Nous avons scindé la liste des ouvrages en deux parties. La première comprend des travaux portant sur la théorie linguistique, traitant de langues romanes apparentées au corse ou développant des concepts ou des perspectives d'étude dont nous nous sommes servis; comme il était hors de question de fournir une bibliographie de linguistique générale ou de linguistique romane, nous nous sommes bornés à mentionner des travaux que nous avons, à des titres et des degrés divers, utilisés. La seconde regroupe des ouvrages qui traitent spécifiquement de la langue corse.

I

BATTISTI, C., ALESSIO, G. *Dizionario etimologico italiano,* Firenze, G. Barbèra, 1975.

BOURCIEZ, E. *Éléments de linguistique romane,* Paris, Klincksieck (5e édition), 1967.

BOUVIER, J. C., *Les parlers provençaux de la Drôme. Étude de géographie phonétique,* Paris, Klincksieck, 1976.

CHOMSKY, N., HALLE, M., *The sound pattern of English,* New York, Harper and Row, 1968.

CHOMSKY, N., *La linguistique cartésienne,* Paris, Le Seuil, 1969.

CHOMSKY, N., *Le langage et la pensée,* Paris, Payot, 1970.

CHOMSKY, N., *Aspects de la théorie syntaxique,* Paris, Le Seuil, 1971.

DALBERA, J. Ph., *Le parler nissart. Phonologie et morphologie,* Thèse de 3e cycle, Nice, 1973 (inédit).

DALBERA, J. Ph., "Éléments pour une histoire structurale du vocalisme nissart", in *Actes du colloque de linguistique nissarde,* Nice, 1976.

FISHMAN, J. A., *Sociolinguistique,* Nathan et Labor, 1971.

FOUCHÉ, P., *Phonétique historique du français* (3 vol.), Paris, Klincksieck, 1958-61.

FRANCESCATO, G., "Struttura linguistica e dialetto", in *Actes du Xe congrès international de linguistique et philologie romanes,* t. III, Paris, 1965.

HAUDRICOURT, A., JUILLAND, A., *Essai pour une histoire structurale du phonétisme français,* The Hague-Paris, Mouton, 1970.

HAUDRICOURT, A., *Problèmes de phonologie diachronique,* Paris, SELAF, 1972.

HJELMSLEV, L., *Le langage,* Paris, Éd. de Minuit, 1966.

HJELMSLEV, L., *Prolégomènes à une théorie du langage,* Paris, Éd. de Minuit, 1968.

HJELMSLEV, L., *Essais linguistiques,* Paris, Éd. de Minuit, 1971.

JAKOBSON, R., *Essais de linguistique générale,* Paris, Éd. de Minuit, 1963.

JAKOBSON, R., *Principes de phonologie historique,* Paris, Klincksieck, 1970.

JUNKOVIĆ, Z., *Jezik Antuna Vramca i podrijetlo kajkavskoga dijalekta,* Jug. akademija, Zagreb, 1972.

JUNKOVIĆ, Z., "Réalisme et simplicité", in *Cahiers de Linguistique d'Orientalisme et de Slavistique,* n° 7, *Mélanges de linguistique et de stylistique en hommage à G. Mounin,* Université de Provence, 1976.

JUNKOVIĆ, Z., "Parenté et affinité en dialectologie", in *Études de linguistique, Annales de la Faculté des Lettres et Sciences Humaines de Nice,* n° 28, 1977.

KING, R. D., *Historical linguistics and Generative grammar,* Englewood Cliffs, N. J., Prentice-Hall, 1969.

LABOV, W., *Sociolinguistique,* Paris, Éd. de Minuit, 1976.

LEROND, A., (sous la direction de), "Les parlers régionaux", *Langue française,* n° 18, Paris, Larousse, 1973.

MALMBERG, B., *Manuel de phonétique générale,* Paris, Picard, 1974.

MARCELLESI, J. B., GARDIN, B., *Introduction à la sociolinguistique. La linguistique sociale,* Paris, Larousse, 1974.

MARCELLESI, J. B. (sous la direction de) "L'enseignement des 'langues régionales'", *Langue française,* n° 25, Paris, Larousse, 1975.

MARTINET, A., *Économie des changements phonétiques. Traité de phonologie diachronique,* Berne, Francke, 1955.

MARTINET, A., *Éléments de linguistique générale,* Paris, A. Colin, 1967.

MARTINET, A., *La linguistique synchronique. Études et recherches,* Paris, P.U.F., 1968.

MARTINET, A., *Le français sans fard,* Paris, P.U.F., 1969.

MARTINET, A., *Langue et fonction,* Denoël, 1969.

MARTINET, A., *Évolution des langues et reconstruction,* Paris, P.U.F., 1975.

MARTINET, J., (sous la direction de) *De la théorie linguistique à l'enseignement de la langue,* Paris, P.U.F., 1972.

MEYER-LUEBKE, W., *Grammatica storica della lingua italiana e dei dialetti toscani,* Torino, Loescher, 1972.

MULJAČIĆ, Ž., *Fonologia della lingua italiana,* Bologna, Il Mulino, 1972.

PITTAU, M., *Grammatica del sardo-nuorese,* Bologna, Pàtron, 1972.

ROHLFS, G., *Grammatica storica della lingua italiana e dei suoi dialetti* (3 vol.), Torino, Einaudi, 1966.

SALTARELLI, M., WANNER, D., (eds) *Diachronic studies in romance linguistics,* The Hague-Paris, Mouton, 1975.

SANNA, A., *Il dialetto di Sassari (e altri saggi),* Cagliari, Trois, 1975.

SAUSSURE, F. de, *Cours de linguistique générale,* Paris, Payot, 1969.

SCHANE, S. A., (sous la direction de) "La phonologie générative", *Langages,* n° 8, Paris, Didier-Larousse, 1967.

SCHANE, S. A., *French phonology and morphology,* Cambridge, the M.I.T. Press, 1968.

SCHUCHARDT, H., "Phonétique comparée", in *Romania III.*

TEKAVČIĆ, P., *Grammatica storica dell'italiano* (3 vol.), Bologna, Il Mulino, 1972.

THOMAS, J. M. C., BOUQUIAUX, L., CLOAREC-HEISS, F., *Initiation à la phonétique,* Paris, P.U.F., 1976.

TROUBETZKOY, N. S., *Principes de phonologie,* Paris, Klincksieck, 1970.

ULDALL, H. J., "Outline of Glossematic. I — General theory", Copenhague, *Travaux du Cercle linguistique de Copenhague,* X, 1957.

WAGNER, M. L., *La lingua sarda. Storio, spirito e forma,* Berne, Francke, 1951.

WEINREICH, U., "Is a structural dialectology possible ?", in *Word,* X, 1954.

WEINREICH, U., *Languages in contact. Findings and problems,* The Hague-Paris, Mouton, 1970.

II

ALBERTINI, J., *Petite grammaire corse,* C.E.R.C., 1968.

ALBERTINI, J., *La langue corse et son écriture,* C.E.R.C., 1971.

ALBERTINI, J., *Précis de grammaire corse,* C.E.R.C., 1972.

ALBERTINI, J., *Dictionnaire français-corse,* C.E.R.C., 1974.

ALFONSI, T., *Il dialetto corso nella parlata balanina,* Livorno, R. Suisti, 1932 XI.

ALFONSI, T., *Ortografia corsa in Corsica antica e moderna,* Livorno, Gennaio-Aprile 1935.

ALLETON, V., *Description phonologique d'un dialecte corse (Bigorno),* D.E.S. (inédit).

BONIFACIO, A., "A prima grammatichella corsa", in *L'Annu Corsu,* 1926.

BOTTIGLIONI, G., "La penetrazione toscana e le regioni di Pomonte", in *Italia dialettale,* II, vol. 2, fasc. 2, et III, vol. 3, fasc. 1.

BOTTIGLIONI, G., "L'ortografia delle parlate corse nell'uso degli scrittori",in *Mediterraneo,* 1930.

BOTTIGLIONI, G., "Il rafforzamento sintattico delle consonante iniziale", in *Revue de linguistique romane,* IX, pp. 346-369, 1933.

BOTTIGLIONI, G., *Atlante linguistico etnografico della Corsica,* Pisa, 1935-1942.

CAITUCOLI, C., *Description du parler corse de Corte. Phonologie et Morphologie,* Thèse de doctorat de 3e cycle, Nice, 1976 (inédit).

CAITUCOLI, C., "Le statut phonologique des sons *ʃ, ʒ, tʃ* et *dʒ* en cortenais", in *Études de linguistique. Annales de la Faculté des Lettres et Sciences humaines de Nice,* 1977.

CASTA, F. J., "A stazzona calzaninca. Technique et vocabulaire de la forge de Calenzana", in *Études corses,* n° 3, 1974.

CASTA, F. J., "I marinari calvesi. Technique et vocabulaire de la pêche à Calvi", in *Études corses,* n° 4, 1975.

CECCALDI, M., *Dictionnaire corse-français,* Piève d'Evisa - Paris, Klincksieck, 1968.

CHIORBOLI, Ghj., THIERS, Ghj., *Stà à sente o Pè! Corse, méthode audio-visuelle* (2 vol.), Bastia, Scola corsa, 1975.

COSTA, J., *Vocabulaire analogique de la langue corse,* C.E.R.C., 1972.

COTI, R., "Essa, esse", in *U Muntese,* n° 141, Bastia, 1972.

DALBERA-STEFANAGGI, M. J., *Étude d'un parler corse : le parler de Vero. Phonologie et Morphologie,* Thèse de doctorat de 3e cycle, Nice, 1975 (inédit).

DALBERA-STEFANAGGI, M. J., "La lénition consonantique dans le parler de Vero", in *Études de linguistique. Annales de la Faculté des Lettres et Sciences humaines de Nice,* 1977.

DALBERA-STEFANAGGI, M. J., "A propos du vocalisme des parlers du Nord-Est de la Corse" (à paraître in *Études corses*).

DIANI, D., "Notes à propos d'un code paralinguistique dans le parler de Bastelica (Corse)", in *Romanistique. Annales de la Faculté des Lettres et Sciences humaines de Nice,* 1971.

EDMONT, E., GILLIÉRON, J., *Atlas linguistique de la France : Corse*, Paris, Champion, 1914-1915.

ETTORI, F. "L'enseignement de la langue corse", in *Langue française*, nº 25, Paris, Larousse, 1975.

FALCUCCI, F. D., "Corsica", in PAPANTI, G., *I parlari italiani in Certaldo*, Livorno, 1875.

FALCUCCI, F. D., *Vocabolario dei dialetti della Corsica*, Firenze, Licosa reprints, 1972.

GATEAU, J. C., "Contribution à l'étude du corse : le parler du Boziu", in *U Muntese*, nº 139, 140, 141, 142, Bastia, 1972.

GIACOMO-MARCELLESI, M., "Réflexions sur l'enquête d'Edmont à Sotta (point 88 de l'Atlas linguistique de la Corse)", in *Langue française*, nº 18, Paris, Larousse, 1973.

GIACOMO-MARCELLESI, M., "Problèmes de description linguistique en Corse (à propos de l'A.L.E.I.C.)", in *Études corses*, nº 2, 1974.

GIACOMO-MARCELLESI, M., "La politique à propos des langues régionales : cadre historique", in *Langue française*, nº 25, Paris, Larousse, 1975.

GIACOMO-MARCELLESI, M., "Les consonnes complexes corses dans le système phonématique de Sotta", in *Études corses*, nº 8, 1977.

GUARNERIO, P. E., "I dialetti odierni di Sassari, della Gallura e della Corsica", in *Archivio glottologico italiano*, XIII, 1892-93.

GUARNERIO, P. E., "Il sardo e il còrso in una nuova classificazione delle lingue romanze", in *Archivio glottologico italiano*, XVI, 1905.

GUARNERIO, P. E., "Note etimologiche e lessicali corse", in *Bulletin de la Société des sciences historiques et naturelles de la Corse*, 1916-17.

GUARNERIO, P. E., "Nuove note etimologiche e lessicali corse", in *Atti e rendiconti del reale istituto lombardo di scienze e lettere*, XLIX.

LINGUA CORSA, *Lexique français-corse*, Bastia, *U Muntese*, 1971.

MARCELLESI, J. B., "Le pluriel en *-a* en Corse méridional", in *Mélanges de linguistique et de philologie romanes, dédiés à la mémoire de Pierre Fouché*, Paris, Klincksieck, 1970.

MARCHETTI, P., *Le Corse sans peine*, Assimil, 1975.

MARCHETTI, P., GERONIMI, D. A., *Intricciate e cambiarine*, Éditions de Beaulieu, Nogent sur Marne, 1971.

MELILLO, A. M., *Il dialetto di Bastia, I Testi*, Bologna, Pàtron, 1973.

MILLARDET, G., "Sur un ancien substrat commun à la Sicile, la Corse et la Sardaigne", in *Revue de Linguistique Romane*, IX, pp.

346 à 369, 1933.

ORSINI-MARZOPPI, M. F., *Étude phonologique du parler de Taglio-Isolaccio,* Thèse de doctorat de 3e cycle, Nice, 1976 (inédit).

OTTAVI, A., "Problèmes actuels de la transcription des dialectes corses", in *Romanistique, Annales de la Faculté des Lettres et Sciences humaines de Nice,* 1971.

PAGANELLI, J., *Un jalon pour construire la grammaire générale de la langue corse. Éléments du parler sartenais,* 1976.

RISTICONI, A., *Le parler et la lexicologie de sa région natale (la Castagniccia)* D.E.S., Aix-en-Provence.

ROCCHI, Ghj.T., *Mamma o mà ! Lettura,* Corti, 1975.

ROMANI, G., *Orthographe. 200 esercizii di scrittura nustrale,* Bastia, Éd. du Dauphin, 1976.

SIMONPOLI, J., *Phonétique du dialecte corse de Ventiseri,* D.E.S., Paris, 1941.

YVIA-CROCE, H., *Grammaire corse,* Ajaccio, Cyrnos Méditerranée, 1972.

TABLE DES MATIÈRES

Composition et maquette réalisées par
le Centre de Recherches et d'Études Linguistiques
Aix-en-Provence

Cet ouvrage
a été achevé d'imprimer
sur les presses de l'Imprimerie
du Signe à Cergy Village le 5 octobre 1978
Dépôt légal : 4e trimestre 1978
Imprimé en France
370